O QUE FAÇO AGORA QUE VIREI LÍDER?

UMA HISTÓRIA SOBRE OS DESAFIOS DE UM LÍDER DE PRIMEIRA VIAGEM

FLÁVIO MOURA

O QUE FAÇO AGORA QUE VIREI LÍDER?

UMA HISTÓRIA SOBRE OS DESAFIOS DE UM LÍDER DE PRIMEIRA VIAGEM

QUALITYMARK

Direção Editorial	Produção Editorial
SAIDUL RAHMAN MAHOMED editor@qualitymark.com.br	**EQUIPE QUALITYMARK**

Capa	Editoração
YTANA MAYANNE	**ABREU´S SYSTEM**

CIP-Brasil. Catalogação-na-fonte
Sindicato Nacional dos Editores de Livros, RJ

M886q

Moura, Flávio
O que faço agora que virei líder? : uma história sobre os desafios de um líder de primeira viagem / Flávio Moura. – 1. ed. – Rio de Janeiro : Qualitymark Editora, 2023.
124 p. ; 21 cm.

Inclui bibliografia
ISBN 978-85-414-0426-6

1. Liderança. 2. Capacidade executiva. 3. Sucesso nos negócios. I. Título.

23-83077 CDD: 658.4092
CDU: 005.322:316.46

Meri Gleice Rodrigues de Souza – Bibliotecária – CRB-7/6439

2023
IMPRESSO NO BRASIL

Qualitymark Editora Ltda.	www.qualitymark.com.br
Rua Carlos Machado, 155 – sl. 207	E-mail: quality@qualitymark.com.br
Polo Cine e Vídeo – Jacarepaguá	Tels.: (21) 3597-9055 / 3597-9056
CEP: 22775-042 – Rio de Janeiro – RJ	Vendas: (21) 3296-7649

Dedico este livro aos meus amados filhos, Heloiza e Felipe, que tanto me ensinam e me estimulam a ser cada dia melhor, e a minha esposa Diana, parceira em todos os momentos, dando força, apoio e muito amor.

AGRADECIMENTOS

> "Os analfabetos do século XXI não serão aqueles que não sabem ler e escrever, mas aqueles que não podem aprender, desaprender e reaprender."
>
> Alvin Toffler

Aprendi que escrever um livro nunca é solitário, pois esse processo nos aproxima de pessoas que realmente fazem a diferença e que eu não poderia deixar de agradecer.

Ao companheiro Wellington Moreira, pelo incentivo, pelos *insights* e empurrões. A jornada foi longa e gratificante.

Agradeço à Elaine Pedroso e à Renata Gusmão, pelas importantes contribuições, revisões e pelo precioso tempo dedicado à leitura.

Não poderia deixar de agradecer aos inúmeros profissionais com quem tive a oportunidade de conviver durante os programas de desenvolvimento nos últimos anos ou até mesmo nas conversas informais. A vocês que, de forma direta ou indireta, contribuíram ao compartilharem suas experiências, suas histórias, suas dores e conquistas no exercício da liderança.

Sintam-se todos representados nesta obra.

SUMÁRIO

CAPÍTULO I: O REENCONTRO

Sabe aquele dia em que você acorda e parece que foi atropelado por um caminhão? Suas pernas parecem que foram moídas, as dores nas costas quase o dilaceram e até abrir os olhos é um esforço gigantesco? Pois é exatamente assim que estou me sentindo hoje!

Ah, meu nome é André, tenho 40 anos, há 20 deles sou casado com uma mulher incrível, e juntos temos dois filhos — uma menina linda e um garotão bem ativo. Meus últimos anos têm sido bastante complicados: há dois anos, eu estava com a carreira estabilizada, trabalhando em uma empresa que produz peças e componentes para outras indústrias utilizarem na montagem de seus produtos. A empresa é bastante conceituada no mercado e eu ocupava uma posição de apoio no meu setor, mas ainda assim havia algo que me incomodava: eu trabalhava em uma área que tinha como supervisor um sujeito que ditava todas as regras, dizia o que precisava ser feito e o modo de se fazer. Não havia grandes interações e, na maioria das vezes, não entendíamos o motivo de executar as tarefas que nos eram delegadas.

Foi nesse momento que percebi que eu era um grande executor, pois todas as orientações do supervisor resultavam em acertos e nunca precisei me preocupar efetivamente se o caminho seguido estava certo ou não.

Meu supervisor, Marcos, era aquele tipo de pessoa que sempre tinha resposta para tudo. Quando um problema surgia, podíamos correr para ele que logo a solução aparecia. No começo, isso era bastante atrativo para a equipe, mas com o tempo não sabíamos ao certo o que sentir diante dessa falta de diálogo. A sensação que tínhamos era de "ruim com ele, mas pior sem ele" — e preciso revelar que sua postura não era proativa, ele parecia sempre muito ocupado, estava correndo o tempo todo e não era exatamente sociável.

Meu incômodo com essas situações e o sentimento de que estava acomodado me fizeram buscar novos horizontes. Procurei cursos e fiz especializações, mesmo não sabendo exatamente o que eu queria para o meu futuro.

Nesse processo de autodesenvolvimento, acabei me inscrevendo em um grande evento em São Paulo — o maior da América Latina — sobre operações ágeis, que prometia trazer grandes profissionais, especialistas e ainda apresentar as principais tendências do mercado.

O congresso aconteceria entre quarta e sexta, mas na terça eu já estava ansioso. Saí do trabalho no horário de sempre, fui para casa e aproveitei para brincar um pouco com meus filhos. Há muito tempo eu não viajava sozinho e, como somos muito apegados, senti que deveria passar um tempo com eles. Minha esposa também fez questão de preparar um jantar especial. Tivemos uma noite agradável e depois uma boa noite de sono. Estava animado pelo que estava por vir.

A viagem não era tão longa: embarquei cedo e, quando cheguei ao centro de eventos, no final da tarde, é que fui realmente perceber a grandeza do evento. Eu estava muito animado e procurava observar a tudo e a todos. Pude notar rapidamente os crachás de identificação de algumas pessoas e ver as empresas que representavam. Por um momento, questionei-me se aquele era realmente lugar para mim.

Entretanto, logo esse temor inicial deu vez a uma sensação de satisfação por estar ali entre pessoas aparentemente de sucesso e que poderiam me ensinar muito, então relaxei e decidi que deveria aproveitar para adquirir todo o conhecimento possível nesses dias.

O ambiente era impactante, eu tinha a sensação de que ali surgiam grandes negócios, *insights* e tendências e, à medida que via as pessoas que estavam circulando pelo local, ia imaginando que elas tinham respostas para tudo. O clima favorecia a troca de experiências.

Às vezes, sentia-me um pouco deslocado, pois percebia que muito do que estava sendo apresentado ali não condizia com o meu dia a dia, parecia que o mundo daqueles palestrantes era bem diferente da realidade brasileira. Não pude deixar de me questionar se aquela abordagem seria indicada para países diferentes do nosso ou se a minha rotina é que era muito aquém, com processos arcaicos. Tudo aquilo seria implementável ou apenas uma utopia? Ali, sentia um misto de motivação e frustração. Eu respirava novos ares e isso me animava, mas o medo de não conseguir aplicar nada do que eu estava aprendendo roubava um pouco do brilho daquele momento.

Naquele instante, no entanto, eu mantive o foco: decidi aproveitar ao máximo aquela oportunidade e filtrar tudo o que achei que seria produtivo para mim, adequando a minha realidade e com a crença de que nem tudo seria perdido.

O segundo dia de evento prometia ser tão promissor quanto o primeiro, e enquanto assistia a uma palestra com um guru da produtividade, não pude deixar de notar um participante: embora não soubesse de onde, eu tinha a sensação de que já o conhecia. Aliás, eu sempre tenho *déjà-vu*: tenho a impressão de que já estive em muitos lugares ou, quando conheço as pessoas, fico buscando na memória até me lembrar onde as vi antes. O interessante é que quase sempre acabo lembrando. Minha esposa diz que isso acontece porque sou muito observador, presto sempre muita atenção em detalhes e isso favorece a minha memória e percepção aguçadas.

Ao terminar a palestra, aproximei-me dele e, como num estalo, eu o reconheci: era o Bruno, um grande amigo da adolescência. Não hesitei e o chamei pelo apelido que foi a sua marca registrada no inesquecível período de rebeldia das nossas vidas.

Pude ver sua expressão quase assustada ao escutar sua alcunha praticamente esquecida. Seu rosto não escondia a surpresa por estar sendo chamado daquele jeito em um evento corporativo.

— André? É você mesmo?

O reencontro foi muito agradável e uma grata surpresa para os dois, era o momento perfeito para constatar o quanto o mundo era pequeno. Como as coisas aconteciam muito rápido no evento e não queríamos perder nada, aproveitamos o intervalo da palestra para conversar um pouco. Trocamos telefone e combinamos de tomar algo à noite. Ao final do dia, recebi uma mensagem do Bruno: estávamos no mesmo hotel e seria bom poder conversar, relembrar os velhos tempos e ainda relaxar um pouco. Liguei para a minha esposa, falei sobre o reencontro, que sairíamos para beber e jogar conversa fora. Ela, como sempre, me apoiou, dizendo para tentar não falar tanto sobre trabalho.

Nós nos encontramos ali mesmo, no bar do hotel, e como era de se esperar, logo surgiram as velhas histórias. Bruno se lembrava de muitos detalhes da nossa adolescência, de festas quando ficamos um pouco mais velhos e do meu lado falastrão.

— Cara, você sempre foi comunicativo! Mesmo que não conhecesse ninguém, conseguia se enturmar rápido. — Bruno relembrava os velhos tempos e parecia bastante animado.

— É verdade, eu sempre fazia amizade bem mais fácil que você e esse meu jeito já nos livrou de cada problema...

Tivemos uma noite animada, conversamos sobre as nossas famílias e inevitavelmente sobre os nossos trabalhos. Fomos percebendo que, embora tivéssemos muita coisa em comum, nossas vidas haviam se transformado. Bruno tinha só 38 anos e gerenciava uma indústria há cinco. Já tinha conquistado o seu espaço no mercado de trabalho, reconhecimento como bom gestor e um salário invejável.

Automaticamente olhei para mim e fiz uma breve reflexão sobre quem eu era e o que eu havia conquistado até o momento. Sentia-me um pouco perdido e tentava me encontrar profissionalmente. Mas tinha esperança de que algo finalmente ia mudar na minha vida, embora não soubesse exatamente o quê.

Nossa noite foi muito agradável, mas rápida. O dia seguinte seria cheio de palestras interessantes e ambos queríamos aproveitar ao máximo o evento. Antes de nos despedirmos, trocamos também os *e-mails* com a promessa de manter contato.

No dia seguinte, acompanhei mais algumas palestras fantásticas, vi demonstrações de alguns produtos e inovações tecnológicas para a minha área e passei o dia em busca das respostas milagrosas...

Como o fluxo de pessoas era grande, acabei não me encontrando mais com o Bruno, mas agora que estava com os seus contatos, isso não seria um problema.

CAPÍTULO II: UMA NOTÍCIA INESPERADA

Quando retornei do evento, estava muito animado, disposto e com um novo gás, mas sabia que esse estado de euforia já havia acontecido em outros momentos e rapidamente se dissipava, principalmente depois dos tombos do dia a dia.

Era como se fosse um prenúncio: na semana seguinte, a empresa entrou em um ritmo frenético, recebemos um grande pedido de um cliente internacional e isso mobilizou todos os departamentos e setores.

A alta demanda refletia diretamente no relacionamento do nosso supervisor com a equipe. Ele participava de reuniões durante todo dia, saía de uma e já entrava em outra e, quando vinha nos encontrar, somente dava novas instruções e distribuía algumas broncas, reclamando da produtividade, dos indicadores de qualidade e de tudo o que não estava em conformidade; entretanto, ele nunca explicava o motivo de toda a agitação e não nos fazia entender as razões para melhorar... ele simplesmente nos incumbia de tarefas, sem maiores explicações.

Os dias foram muito difíceis, o clima entre a alta liderança estava pesado, a diretoria e os gerentes estavam nitidamente preocupados, suas expressões eram bastante sérias e toda a tensão que pairava sobre eles acabou se estendendo a todos nós.

A cobrança também aumentou consideravelmente, mas como não compreendíamos o que estava acontecendo, foi muito difícil simplesmente aceitar bem a pressão que estávamos sofrendo. Todos os meus colegas de operação comentavam sobre a dificuldade em enfrentar aquele momento, estávamos muito cansados e preocupados, também.

A postura do Marcos, nosso supervisor, não era esclarecedora: ele fazia reuniões todos os dias com um tom quase ameaçador, dizendo que, se nossos resultados não melhorassem e se os problemas continuassem atrapalhando o nosso desempenho, nossos empregos também estariam ameaçados. A ordem era que revertêssemos a situação, mas é impossível reverter um problema quando não o conhecemos minimamente. Estávamos de mãos atadas, não sabíamos como ajudar.

A nossa liderança não compartilhava; com tudo aquilo que eu aprendi no último evento — e na vida —, sabia que delegar tarefas e estabelecer metas, prazos e cobrar resultados é parte essencial do trabalho, além de ser fundamental fazer com que a equipe conheça as demandas e entenda o que de fato está acontecendo — e essa não era a postura de nosso supervisor.

Sem um direcionamento claro, não sabíamos muito como agir e, nesse período em que Marcos esteve envolvido em tantas reuniões, nós o procurávamos algumas vezes para tirar dúvidas, porém ele sempre nos dava respostas imprecisas e ríspidas. Logo, não fazíamos nem ajudávamos mais porque não sabíamos como, mas sempre fizemos o melhor que podíamos com as informações e as breves instruções que tínhamos.

Depois de muitas dificuldades, a situação começou a dar sinais de melhora e, por fim, conseguimos atender ao pedido do cliente. Entretanto, os comentários na "rádio peão" eram que os custos foram muito superiores ao esperado e que a operação não deu o resultado esperado. Esse tipo de comentário sempre acende o alerta vermelho, já que pode significar corte de custos e, claro, de pessoal para equilibrar as contas.

Toda a equipe estava exausta, foram dias muito intensos e o desgaste e o estresse eram gerais. Eu tinha como porto seguro a minha família, sabia que mesmo se tudo desse errado, eles estariam sempre ao meu lado. Aproveitei o final de semana para viajar com eles para a serra, para um lugar que sempre nos trazia boas recordações e calma, assim poderíamos relaxar e respirar outros ares, além de recarregar as energias para iniciar a próxima semana. Como isso me ajudou! O carinho da minha esposa, toda a sua paciência para me ouvir e a felicidade dos meus filhos foram o combustível de que eu necessitava para me tranquilizar.

Voltei para o trabalho na segunda-feira, estava um pouco menos cansado e pronto para encarar os próximos desafios que estavam por vir; entretanto, minhas expectativas eram baseadas na minha rotina.

Assim que cheguei à empresa, recebi o recado na portaria para que eu fosse direto para o RH. Confesso que, nesse momento, minhas pernas tremeram e posso jurar que tive uma rápida queda de pressão, pois nunca suei tão frio em toda a minha vida.

Eu sabia que tinha me esforçado muito nos últimos dias e também sabia da minha capacidade, porém não consegui deixar de pensar que seria demitido. Enquanto me dirigia para lá, entretanto, fui tentando me acalmar e me livrar desses pensamentos.

Quando cheguei ao RH, levaram-me para uma sala onde encontrei o Fábio, nosso gerente industrial — que só aparecia em situações extremas —, e o Lucas, supervisor de RH. Foi nesse momento que tive certeza de que a coisa não estava boa, encontrar os dois juntos me esperando... obviamente aquele era o fim da linha para mim na empresa.

Ambos foram muito cordiais e pediram que eu me sentasse.

— André, os últimos dias foram muito difíceis, você provavelmente percebeu, e um reflexo disso é que a operação não saiu conforme esperávamos e pagamos um alto custo por isso... não podemos permitir que isso aconteça novamente.

Eu até tentei balbuciar uma desculpa, mas fui rapidamente interrompido. Eles prosseguiram:

— Marcos foi um bom profissional e certamente contribuiu muito para o crescimento da empresa, mas acreditamos que está na hora de mudar e, por isso, tomamos a decisão de encerrar o contrato dele. Por isso você está aqui: precisamos de alguém para substituí-lo o mais rápido possível.

Eu quase não podia acreditar em tudo o que estava ouvindo, tudo acontecia tão inesperadamente que eu só conseguia me concentrar e ouvir o que eles diziam:

— Pensamos bastante, também observamos muito os nossos funcionários, e depois de um levantamento em suas avaliações de desempenho e de seus resultados nos últimos dias, acreditamos que você é a pessoa mais indicada para assumir a posição do Marcos, pelo menos inicialmente, até que possamos resolver se vamos ou não contratar um profissional externo. Você aceita?

Foi um *boom* para mim, eram muitas informações para assimilar: primeiro, que o Marcos havia sido demitido, e depois, que eu havia sido convidado para assumir a operação. Os sentimentos eram intensos, um misto de medo e felicidade, mas não quis demonstrar indecisão e respondi imediatamente que aceitava o novo desafio.

— Eu aceito, com certeza. Estou muito surpreso, mas também feliz por ser convidado a assumir uma posição tão importante e que demanda tantas responsabilidades. Vou me esforçar para fazer um bom trabalho. — Eu não sei se foi exatamente isso o que disse, mas tenho certeza de que o meu "sim" foi enfático.

— Ótimo, o RH vai providenciar as questões administrativas e informar o restante da equipe. Espero que de agora em diante as coisas melhorem, precisamos alavancar os nossos resultados. — Fábio não fazia questão de ser amigável, apenas deu as instruções e saiu da sala.

Saí dali e liguei para a minha esposa imediatamente:

— Amor, fui promovido!

Naquele momento, eu realmente me dei conta do que estava acontecendo e tive a certeza de que todo o meu esforço durante todos os anos de trabalho estava sendo recompensado, nada havia sido em vão.

— Promovido? Que notícia maravilhosa! Parabéns, meu amor, você com certeza merece esse reconhecimento. Vou preparar algo à noite para comemorarmos. — Aline vibrava pela minha conquista.

Quando desliguei o telefone, recompus-me e lembrei-me de que não poderia falar nada para a equipe ainda — esta seria uma tarefa para o RH. Segui trabalhando normalmente e, embora todos notassem a ausência do Marcos, ninguém chegou sequer a imaginar o que estava de fato acontecendo.

No outro dia, cheguei para trabalhar e agi normalmente, troquei-me, registrei o ponto e fui para o setor iniciar mais um dia de trabalho. No meio do caminho, encontrei Lucas, que também estava indo para o meu setor e adiantou-me:

— Que bom que o encontrei aqui, estava indo para o setor conversar com a equipe sobre as mudanças. Vamos juntos.

Quando chegamos lá, pudemos perceber uma movimentação maior na operação, os comentários haviam chegado primeiro que nós. Lucas reuniu todos e fez o seu comunicado.

— Bom, acho que alguns de vocês já devem ter notado que desde ontem o Marcos não está mais aqui. Ele não integra mais a nossa equipe e, no momento, o André está assumindo a operação.

Eu pude perceber alguns olhares surpresos, outros confusos e até um pouco enciumados, mas procurei me manter impassível, sem demonstrar o nervosismo que me consumia no momento, enquanto Lucas continuou falando.

— Por isso, peço a colaboração de todos vocês neste momento de adaptação. É um momento que exige esforço de todos nós, mas vamos trabalhar para que seja uma transição tranquila.

A conversa foi breve, aliás, foi mais rápida do que eu imaginava. Ao final, ele me pediu para passar no RH para acertarmos os últimos detalhes — mas foi só o supervisor do RH sair, que os comentários começaram.

— É, André, passou a perna no Marcos, hein! Se saiu muito bem, chefinho. — O tom era irônico.

— Passou para o outro lado, agora aguenta, hein!

— Qual vai ser sua primeira atitude como chefe? Vai descontar todos os problemas em nós também?

Definitivamente, eu não esperava esses comentários, mas tentei manter a calma, pois sabia que eles eram fruto de um certo sentimento de traição: poderia ser qualquer um deles no meu lugar, mas não era; e havia outro fator a ser considerado também, todos nós estávamos um pouco calejados com o modo como a operação havia sido conduzida até então.

— Neste momento, eu só preciso da ajuda de vocês. Nós somos uma equipe e podemos fazer um trabalho incrível juntos. Nada mudou.

Todos voltaram ao trabalho e eu aproveitei para ir ao RH, queria sair um pouco daquele clima de tensão e precisava mesmo resolver outras coisas. Quando Lucas me viu, trouxe alguns documentos, papéis referentes ao aumento de salário, falou também sobre o período de experiência na função e me deu outros papéis para que eu assinasse.

CAPÍTULO III: OS PRIMEIROS DESAFIOS

Com tudo acertado, Lucas me desejou boa sorte e retirou-se. Eu fiquei bastante confuso, afinal, esperava receber orientações sobre o trabalho, sobre a situação da operação — que é como chamávamos cada etapa do processo produtivo de uma peça ou de parte dela —, mas nada disso aconteceu. Como eu poderia agir diferente e garantir novos resultados se não conseguia nem entender quais foram os fatores que levaram à demissão o supervisor anterior?

Voltei para a operação e continuei a programação deixada por Marcos, seguimos trabalhando como se nada tivesse acontecido, mas não demorou muito para que as dúvidas começassem a surgir e viessem me procurar para resolvê-las.

Pedro, que era meu companheiro de trabalho e ocupava a mesma posição que eu antes da promoção, veio me procurar para dizer que precisaria trocar a folga dele para resolver alguns problemas particulares e eu concordei, mas no momento em que ele saiu, percebi que, como nós dois fazíamos o mesmo trabalho, eu precisaria substituí-lo, mesmo que agora eu tivesse outras responsabilidades. Para evitar problemas, decidi manter a folga, mesmo que isso significasse mais trabalho para mim.

Logo em seguida, procuraram-me para avisar que um equipamento havia quebrado e sem ele seria impossível continuar o trabalho. Para mim, essas eram situações novas, já que o Marcos ficava responsável por lidar com essas questões mais burocráticas, mas, de repente, lá estava eu tendo de resolver todos os problemas que apareciam.

Sabe quando assistimos a um filme em que o personagem principal é bombardeado por perguntas, todo mundo quer saber tudo, todo mundo precisa que ele faça algo? Foi exatamente assim que eu me senti!

Voltei para casa exausto e, além de cansado, eu estava insatisfeito com toda aquela situação. Depois de muito refletir, acabei me lembrando do Bruno: ele era gerente e tinha mais experiência que eu... quem sabe poderia me ajudar.

Procurei o seu contato e liguei, não me importei muito com o horário, afinal de contas éramos amigos. Ele foi bastante receptivo ao me atender.

— Fala, André, como vai? Que surpresa!

— Pois é, Bruno! Tomei a liberdade de ligar para saber como você está.

— Aqui está tudo bem, graças a Deus. Como estão as coisas por aí?

Era a deixa que eu precisava para falar sobre o meu "problema". Contei sobre a minha promoção relâmpago, das dificuldades que começavam a surgir e disse tudo o que estava acontecendo comigo, acabei desabafando e fazendo um pedido de socorro.

Bruno ouviu tudo atentamente, não me interrompeu em momento algum e somente quando eu terminei de falar pude ouvir um suspiro profundo.

— Amigo, fizeram isso com você?

E continuou...

— Assim que eu assumi meu primeiro cargo de liderança, também tive vários problemas. Eu percebo que é comum não existir uma preparação para essa transição. Por isso, hoje faz parte da minha postura enquanto gerente garantir que exista um processo de capacitação, antes de qualquer promoção. O treinamento faz parte de tudo na vida e não poderia ser diferente no trabalho, então, antes de assumir um cargo de liderança, as pessoas são orientadas e preparadas em relação às expectativas, aos desafios, além de darmos suporte total durante o processo de transição.

O que ele falava parecia o correto a se fazer, mas a minha realidade era completamente diferente. Eu precisava de uma ajuda, algo concreto para conseguir tomar alguma atitude.

— Infelizmente não funciona desse modo em todas as empresas — Bruno pontuou. — Pelo visto, você caiu de paraquedas nessa nova função, sem saber de muita coisa, estou certo?

— Você está certo. Fui promovido de surpresa quando o meu supervisor foi demitido. Confesso que essa possibilidade sequer passou pela minha cabeça um dia, mas no calor da emoção eu aceitei o desafio... porém estou completamente perdido.

— André, eu vou lhe dar um conselho, talvez o mais valioso deles: vá o quanto antes conversar com o seu gerente e seja sincero, diga que precisa de ajuda. Ele é seu superior imediato agora e é responsável por orientá-lo e oferecer um direcionamento. Somente ele poderá lhe falar o que precisa ser feito e quais são as expectativas em relação a você e para a sua equipe.

Desliguei o telefone e fiquei ainda mais pensativo, agora estava com medo também... e se demonstrar dúvidas fosse um sinal de fraqueza? Se eu demonstrasse estar perdido, poderia até ser demitido, ele poderia se arrepender de ter me escolhido para assumir um cargo tão importante. Se eu fui promovido, certamente deveria saber o que fazer.

Sempre que eu me sentia acuado, perdia o sono, então tive uma péssima noite, pois além de ficar rolando de um lado para o outro na cama, também acordei a minha esposa, que tentou me tranquilizar, dizendo que tudo ficaria bem.

Na manhã seguinte, eu estava determinado a seguir o conselho de Bruno e, mesmo correndo o risco de ter a minha capacidade colocada à prova, resolvi procurar o Fábio — nosso gerente industrial —, afinal de contas, eu estaria ajudando a todos se conseguisse entender melhor o que fazer.

Fui direto para sala dele, e assim que cheguei ele já me recebeu. Eu me sentia péssimo, como um aluno que vai para a diretoria pela primeira vez.

Não pude deixar de notar o requinte da sala dele, era muito bonita e espaçosa, com uma bela mesa de mogno arrumada à perfeição, havia vários relatórios sobre ela, mas ainda assim tudo em perfeita harmonia.

Tinha algumas fotos de pessoas felizes em sua mesa — deduzi que deveria ser sua família. Era estranho imaginar que um sujeito como ele dava valor a esses detalhes. Observei todo o espaço, mas um objeto me chamou mais a atenção: uma ampulheta sobre a mesa. Imaginei que poderia demonstrar o quanto ele valorizava o tempo, a necessidade constante de mudança e adaptação.

Pensar sobre isso me dava um pouco mais de tranquilidade, pois tudo requer tempo e, já que eu estava começando uma nova etapa da minha vida profissional, também precisaria de tempo para me adaptar a ela.

Mesmo ocupado, ele me recebeu. Enquanto digitava alguma coisa, perguntou-me do que eu precisava no momento, foi então que eu arrisquei e disse que estava perdido.

Sua expressão se manteve serena, mas o seu olhar de "conte-me mais sobre isso" foi a deixa para que eu pudesse expor minhas dúvidas.

— Fábio, o problema é que eu não sei exatamente o que fazer, estou perdido. O Marcos sempre nos disse o que devíamos ou não fazer, então só conheço o modelo de gestão dele, mas eu mesmo não sei o que é preciso fazer neste momento.

— Ele não compartilhava com vocês os resultados, as metas, o planejamento de produção? — Fábio parecia surpreso e seu olhar para mim era menos julgador do que eu esperava.

Eu apenas assenti negativamente com a cabeça, lançando um olhar surpreso como quem diz: "ele deveria fazer isso?".

Ele apenas suspirou fundo, como se não gostasse da novidade, e finalmente me deu as informações de que eu precisava:

— Eu vou compartilhar com você todo o planejamento que fizemos, com o detalhamento dos objetivos e metas, assim você saberá quais resultados precisamos atingir o quanto antes. Faço reuniões semanais com os meus supervisores para revisar os resultados e pensar em táticas e alternativas para conseguirmos atingir nossos indicadores de produção. Vamos nos reunir todas as sextas-feiras a partir de agora, tudo bem?

Esta foi a primeira vez na semana em que respirei mais aliviado, uma vez que, de agora em diante, teria acesso às informações importantes para desenvolver meu trabalho e orientar minha equipe, mas ao mesmo tempo senti uma ponta de desespero: já era quarta-feira e, na sexta, precisaria apresentar os relatórios do meu resultado semanal.

Fui para o setor e rapidamente me dirigi à sala que agora era minha. Precisava partir de algum ponto e, por isso, fui verificar os *e-mails*. Para a minha felicidade, já havia uma mensagem do Fábio com os arquivos de que eu precisava. Naquele momento, eu fiquei muito feliz, sentindo que ele realmente me ajudaria! Rapidamente organizei os arquivos e comecei a estudar, tinha tudo o que era necessário para começar a trabalhar, de fato. Nos documentos constavam todos os objetivos, o planejamento de médio e curto prazo, e também era possível saber qual era o alvo, a meta que deveríamos atingir; no entanto, não ensinava qual era o caminho a percorrer.

Eu soube ali que ele não me daria o peixe, mas estava me ensinando a pescar, portanto eu teria de criar um plano para resolver os problemas do meu setor por conta própria.

Isso me desafiava e me tirava totalmente da minha zona de conforto, pois agora eu tinha uma visão maximizada da empresa, do setor, das metas... pensar sobre essas informações me fazia enxergar o tamanho da responsabilidade que eu tinha.

Analisando os arquivos, pude perceber que havia um documento mostrando o desempenho de nossa área, além de outras informações relevantes; só então notei que há algum tempo não atingíamos todas as metas e que o nosso resultado já estivera melhor em outras épocas.

Para piorar a situação, outro documento indicava a previsão de que o mercado local recuaria 12% no próximo ano, o que implicaria diretamente um repasse nos preços, além da temida redução dos custos.

O mercado em que atuamos é muito competitivo e, nos últimos tempos, está passando por momentos bastante desafiadores; agora eu consigo entender melhor as caras do Fábio: a situação não era boa.

As noites mal dormidas estavam mais presentes do que nunca. Eu deitava para descansar, mas só conseguia pensar em números, metas, objetivos e continuava sem saber o que fazer para mudar a situação da minha operação. O pior de tudo isso era que a sexta-feira estava chegando e eu ainda não sabia o que apresentar.

As coisas na operação seguiam um fluxo acelerado, que eu só era capaz de perceber agora que estava no comando e, embora tentasse fazer tudo da melhor maneira possível, ainda sentia que estava enxugando gelo e apagando incêndios — ao mesmo tempo! Estava virando um maratonista correndo contra o tempo para ajudar a todos.

A sexta-feira havia chegado e eu fui para a reunião com Fábio que, sempre muito direto, apresentou os gráficos com os nossos indicadores e disse que, embora soubesse que estávamos trabalhando duro, o nosso resultado ainda estava longe do esperado.

Ele seguia falando do mercado, de alguns clientes e também de alguns contratos. Por mais que eu compreendesse bem a situação, sobretudo por causa do evento do qual eu tinha participado recentemente, ainda ouvia tudo aquilo sem saber direito como poderia ajudar. O que eu poderia fazer para resolver os problemas da minha operação?

Ao final da reunião, ele foi enfático:

— André, precisamos mudar! Preciso que você olhe para o seu pessoal e encontre uma forma de reduzirmos o quadro e ganharmos em produtividade, para aumentar a eficiência da operação... acredito que esta seja a única saída para ganharmos fôlego para enfrentar este momento.

Quando eu assumi a operação, sabia que passaria por momentos difíceis, mas pensar em demitir os meus colegas de tantos anos me deixava numa situação difícil. Fábio seguia falando:

— Eu sei que este pode ser um momento desafiador para você, mas um cargo de liderança tem dessas coisas. Preciso que me envie algumas sugestões durante a semana para que eu possa analisar e, na próxima sexta, tomamos uma decisão definitiva, ok?

Eu sinceramente não sabia o que responder — nem tive tempo também, pois ele terminou de falar e saiu, dizendo que entraria em outra reunião e, caso eu precisasse de algo, que o procurasse.

Minha cabeça girava, tudo parecia um delírio e as palavras dele ficavam ecoando na minha mente. Como reduzir um quadro se já trabalhávamos com a cota mínima e totalmente sobrecarregados? O que mais me atormentava era a possibilidade de ter de demitir alguém.

Todas essas preocupações refletiam em casa, eu estava distante e isso era sentido pela minha esposa e filhos. Já não conseguia mais brincar com eles e também não conseguia dar atenção à minha esposa como antes. E dormir? Eu perdi totalmente essa capacidade, rolava de um lado para o outro na cama e via o dia amanhecer, pensando, tentando arranjar uma solução — e não tinha sucesso nenhum.

Naquela noite, senti as mãos da minha esposa no meu ombro.

— Querido, eu sei que você é capaz, vai dar tudo certo! Tente descansar um pouco, deixe para pensar nisso amanhã.

Essas palavras me confortaram, pois mesmo não resolvendo o meu problema, de fato, eu sabia que tinha sempre para onde voltar, sabia que tinha a minha base, independentemente da situação. Esse apoio foi fundamental para mim.

CAPÍTULO IV: AS ORIENTAÇÕES DE BRUNO

No final de semana, consegui relaxar um pouco mais — consegui até brincar um pouco com meus filhos. Foi em um desses momentos de total descontração que me veio um estalo! É claro! Eu poderia falar com o Bruno, meu velho amigo. Ele havia me dado uma boa dica da outra vez, certamente teria outro bom conselho.

Não hesitei e enviei uma mensagem por celular, que foi vista rapidamente. Em poucos segundos, ele começou a digitar sem parar e imaginei que, pela demora, todas as respostas para os meus problemas estariam ali.

Mas tudo não passou de uma doce ilusão. Depois de algum tempo digitando, ele respondeu apenas: "Cara, estou ocupado agora, posso responder mais tarde?".

Não era a resposta que eu esperava, mas era final de semana, ele provavelmente tinha coisas mais importantes para fazer. Eu me senti um pouco constrangido, mas fiquei esperando a resposta.

Já no final da noite, Bruno me enviou uma mensagem de voz:

"André, eu já estive no seu lugar e consigo perceber que, assim como eu, você está muito ansioso e sofrendo bastante com isso. Infelizmente estou indo viajar a trabalho e não posso ajudá-lo nem lhe dar a atenção que você merece, vai ser tudo muito corrido para mim. Mas vamos fazer o seguinte: eu tenho um arquivo com várias anotações que fiz quando assumi minha primeira liderança, pois escrever sempre me ajudou a pensar e analisar melhor as situações. Nele, contém muitas das minhas experiências, positivas e negativas, além de algumas lições que agora eu carrego pela vida. Eu vou procurar esse arquivo para compartilhar com você, talvez possa lhe ajudar. Mas cara, não é um manual, são notas, em sua maioria, situações e meus posicionamentos, inclusive os que não deram grandes resultados... eu espero que ajude você."

Respondi imediatamente que sim, foram as ações dele que o levaram para um cargo maior, então suas experiências poderiam me ajudar, contribuir para o meu desenvolvimento em um cargo de liderança.

Ele me disse que enviaria no dia seguinte, desejando-me sucesso e tentando me tranquilizar de seu modo.

Depois dessa conversa e da ajuda prometida, consegui dormir até melhor — pela primeira vez desde que assumira o cargo não vi o sol nascer.

Quando cheguei na empresa na segunda-feira, olhei o meu *e-mail* e realmente já havia uma mensagem de Bruno, com uma ressalva.

"Meu amigo, esta não é uma receita de bolo, são apenas parte da minha história e experiência. Eu sei que neste momento toda ajuda é válida, mas não existe uma fórmula, então, viva a sua história e se atente para que a sua vida se encaixe nesse novo momento."

Eu estava em êxtase. Por mais que não fosse uma receita, já me daria um ponto de partida. Comecei a ler aquele documento com muita atenção. Meu objetivo, a princípio, era ler tudo e já aplicar todo o conteúdo que estava ali na minha operação, mas muitas coisas não faziam sentido.

Eu parava, relia, voltava uma, duas páginas para tentar entender melhor as experiências e conselhos do Bruno, mas muitos pensamentos picados e não encadeados tornavam o "manual" sem sentido... foi aí que eu entendi que não adiantaria ler tudo de uma vez, precisaria entender parte por parte para apreender o sentido daquelas situações.

Quando olhei bem, vi que era um documento com vários recortes, tinha separação por cor, por tema e talvez ler as partes que mais se ajustavam à minha realidade me ajudasse. Comecei a leitura a partir de uma anotação do Bruno:

"Os resultados obtidos por uma empresa em um determinado período não garantem a sua sobrevivência, visto que as constantes transformações exigem das organizações mais que estratégias corporativas. Sobreviver a essa exigência cada vez maior de preço, qualidade e disponibilidade requer muito planejamento e uma visão cada vez mais ampliada."

A anotação seguinte contava um pouco da sua realidade no momento:

"Nós atendemos 20 estados e recebemos anualmente uma média de dois milhões de pedidos, suprindo cerca de 180.000 pontos de venda. Para atender a tudo isso, temos de cuidar da compra, do armazenamento, da separação e da entrega de todos esses produtos, mas sempre pensando no menor custo e maior eficiência. A eficiência da nossa operação é o ponto-chave para o nosso sucesso, é o que nos torna competitivos, mas como lidamos com alimentos, nossa atenção aos cuidados é redobrada!"

Durante a leitura, havia uma frase destacada que me chamou atenção: "Preciso saber o que esperam de mim e quais são os meus objetivos".

Então eu soube que o conselho que Bruno havia me dado e que tinha me levado a conversar com Fábio veio mesmo da experiência, pois se eu não souber como agir, não poderei trabalhar da maneira certa.

Eu só conseguia pensar que agora sabia o que esperavam de mim, estávamos atingindo alguns resultados, mas o problema naquele momento era reverter o quadro geral. Então eu tive um *insight*: se estamos batendo as metas, o que está errado? Comecei a refletir. Instintivamente, abri um arquivo e comecei a escrever — preferi anotar para que eu pudesse elaborar melhor as minhas ideias até a próxima reunião.

"Tão logo assumi esta posição, venderam-me a ideia de que tudo estava bem encaminhado, já que meu antecessor havia deixado tudo planejado e alinhado, bastava apenas colocar em prática. Então, comecei a implantar várias ações que já estavam previstas. No início, parecia que seria o suficiente, mas percebi que nossa área tem grandes problemas relacionados à rotatividade de pessoal, oscilações na qualidade dos produtos e um clima muito pesado entre as áreas. Isso está me tirando o sono, pois até então eu executava o que já estava planejado, e agora estão me cobrando reversão imediata do quadro ou terei de reduzir a minha equipe, buscando minimizar os custos."

Eu não entendia como tínhamos chegado a esse ponto se o Marcos seguia um planejamento com o aval do Fábio, que sempre é muito crítico. Comecei a me questionar se as metas propostas estavam corretas ou eram coerentes com a nossa realidade.

CAPÍTULO V: ENTRANDO NO JOGO

Definitivamente eu não tinha a resposta para aquela questão, mas fui consultar todo o material que já tinha recebido até o momento. Lá continham as metas industriais e... bingo! As metas da nossa operação não tinham relação direta com a meta geral da área industrial, logo, mesmo se batêssemos todas elas, jamais fecharíamos no azul.

Eu sabia que em muitos casos bater meta não significava bom desempenho, principalmente quando os objetivos são incompatíveis. Podemos observar que, se uma empresa busca reduzir ao máximo seu número de estoques, mas começa a atrasar o repasse de produtos para o cliente, dificultando a relação com eles, a redução de estoque perde o seu propósito, mesmo que ela seja considerada uma meta atingida.

Então anotei: "ter metas erradas o leva a fazer certo a coisa errada".

Finalmente eu começava a respirar aliviado, pelo menos tinha algo substancial para apresentar na reunião; mas ainda seria necessário revisar todas as metas e promover alguns ajustes para que o trabalho finalmente começasse a dar sinais de melhora.

Nesse momento, fui tomado pela sensação de "uau, finalmente entrei no jogo". Sentia que eu seria capaz.

Resolvi convocar uma reunião na manhã seguinte para compartilhar essas informações com meus braços-direito, Pedro, Ana, Celso e Mateus. Comecei a reunião questionando se todos sabiam qual era o objetivo central da nossa área para o ano e para os próximos também. Pude ver que meus companheiros pareciam confusos com a minha pergunta, eles não entendiam bem aonde eu queria chegar. Pedro foi o primeiro a responder:

— Certamente eles querem aumentar o faturamento! Tudo gira em torno do lucro.

— Discordo. Provavelmente o objetivo é cumprir o cronograma de produção, pois se a produção atrasar, além de não aumentar o faturamento, ainda perdemos dinheiro. — Ana mostrava com clareza suas ideias, mas ela estava equivocada.

Celso e Mateus nem se manifestaram, eles apenas olhavam esperando que eu falasse algo. Entendi que havia um problema ali: como poderiam contribuir para que o objetivo fosse alcançado se eles nem o conheciam?

Não poderia deixar que isso continuasse acontecendo. Assim como eu, a minha equipe também não conhecia o objetivo! Mas o importante ali era que todos entrassem no jogo para que pudéssemos reverter esse quadro.

Eu sentia uma enorme angústia, pois me lembrava que vários membros da equipe, inclusive a Ana, chegavam a questionar a efetividade das metas da operação, e isso já acontecia mesmo antes de eu ser promovido, ou seja, o problema se arrastava há muito tempo.

A angústia deu lugar à ação e, para que tudo funcionasse, comecei a fazer reuniões semanais com a equipe para discutirmos e entendermos as metas. Foi a partir dessas reuniões que surgiu a primeira proposta de adequação.

No dia seguinte, Sandra, uma supervisora da operação vizinha — minha cliente interna —, procurou-me para pegar minha assinatura em um documento e aproveitei para questioná-la:

— Sandra, você acredita que as metas da sua operação foram definidas corretamente?

— Sim, as metas estão corretas, o problema mesmo é outro. Para atingi-las, precisamos deixar de lado outras atividades fundamentais e, quando nos damos conta, vários outros problemas que poderiam ter sido resolvidos se trabalhássemos seguindo os passos certos já tomaram proporções inimagináveis e vêm se arrastando. Atualmente, esses problemas estão muito avançados e comprometem o bom desempenho da operação.

Seu semblante era de alguém preocupada, mas muito cansada também. Ela seguiu falando:

— Agora, além de bater as metas, nós precisamos resolver outros problemas, e isso deixa um clima péssimo, pois todos sentem como se tivessem trabalhado em vão.

Resolvi intervir:

— Mas o que vocês deixam de lado para atingir as metas? Tudo deveria andar em conformidade, não acha?

— Nossa meta de liberação de produtos dentro do prazo é audaciosa, e para cumpri-la, tivemos de fazer horas extras e contratar colaboradores temporários, o que criou um problema maior que o previsto, já que não tivemos como inseri-los no programa de integração e de treinamento. Os temporários receberam um treinamento básico operacional e de segurança e foram direto para a operação, no modelo *training on the job*. E o resultado é que aumentamos o índice de produtos reprovados e nosso custo por unidade movimentado. Isso nos levou a um aumento considerável nos custos da operação... mas pelo menos estamos entregando os produtos no prazo, inclusive chegamos a entregar com dois dias de antecedência.

A tranquilidade com que ela falava que um problema, que tinha dado resultados muito ruins, acabava por corrigir outro deixou-me preocupado, pois isso me levou a entender que provavelmente outros setores passavam por algo parecido.

Se tem uma coisa que eu aprendi naqueles últimos dias é que, para que tudo caminhe bem, as metas sejam batidas, ajustadas e o objetivo seja atingido, é necessário reduzir qualquer fonte de desalinhamento.

Isso também me levou a questionar como o Fábio deixava isso passar, visto que os problemas de uma operação refletiam em todas as outras e, nesse momento, eu precisava reduzir o meu quadro de funcionários para ajudar a arcar com os gastos elevados de toda a empresa.

Segui fazendo minhas anotações, precisava apresentar os meus argumentos para o Fábio na sexta. Então comecei:

"O primeiro passo é readequar tudo, precisamos fazer com que as metas operacionais dialoguem com as metas gerais de produção, e agora é inviável propor corte de pessoal. Se conseguirmos ajustá-las, talvez não seja preciso contratar mão de obra temporária, o que reduz os estragos na operação da Sandra, por exemplo."

Minha cabeça estava a mil e novamente um problema surgiu: um dos meus funcionários, o Pedro, que já havia pedido para trocar a folga dias atrás, procurou-me com a mesma necessidade, porém dessa vez não foi um pedido — ele apenas me informou que não viria trabalhar na sexta pois precisava resolver um problema e eu deveria colocar alguém em seu lugar.

Entretanto, dessa vez eu não poderia assumir o seu lugar, tinha a reunião com o Fábio e também várias outras tarefas para resolver; além do mais, ele deveria primeiro verificar a possibilidade e não apenas informar a sua decisão. Foi a primeira vez que tive de me posicionar de uma forma mais dura:

— Desta vez não será possível, você não pode apenas me comunicar... o correto é avisar com antecedência para que eu possa ver a viabilidade da troca.

— Que isso, André, nem trocou de lado direito e já está falando como patrão? O Marcos sempre resolvia isso *pra* mim.

— Eu não estou falando como patrão, mas nós já temos um quadro reduzido, e trocar a folga agora tornaria tudo mais difícil, principalmente na sexta. Então, sinto muito, mas não será possível. Se puder ser em outro dia, podemos analisar, de acordo com a programação.

Ele saiu da sala com cara de poucos amigos, já que não era a resposta que ele queria, mas eu precisava me impor. Se eu estivesse na posição dele, talvez não gostasse da solução, mas agora eu precisava pensar no bem de todos e da empresa, não tinha como priorizar apenas o bem-estar de um em detrimento da sobrecarga dos outros — da minha, inclusive.

Embora agora eu soubesse qual era a minha função e que eu teria de me portar mais seriamente, priorizando o bom funcionamento da equipe, não conseguia deixar de me sentir um pouco mal, mas convencia-me de que tinha de manter a operação em pleno funcionamento. Eu não queria que sentissem em relação a mim o que sentiam em relação ao supervisor anterior; tentava estar presente e alinhar as nossas metas e objetivos, e sabia que se seguisse por esse caminho, as coisas acabariam melhorando.

Passei o resto da manhã em minha sala, analisando documentos, verificando todas as entregas que teríamos de fazer e respondendo aos *e-mails* de outros setores. Sempre que eu tinha um tempo livre, entretanto, voltava a ler o arquivo que o Bruno me enviara, até que me deparei com uma parte que falava justamente sobre como é lidar com os colegas que agora são seus subordinados.

"Quando assumi meu primeiro cargo de liderança, eu era bem mais jovem, mas já era muito dedicado e, por mais que meus colegas soubessem que hora ou outra eu seria promovido, muitos deles ficaram um pouco ressentidos quando isso aconteceu. Eu sempre me dei bem com eles, mas quando me tornei seu líder, enfrentei algumas resistências. Lembro que um dos meus subordinados, o Marcelo, recusava-se a obedecer qualquer uma das minhas recomendações. Ele seguia o plano do antigo gestor e, mesmo demonstrando que havia uma razão para as mudanças que eu havia feito, ele não entendia, na verdade, não queria entender. Um dia, escutei uma conversa dele com um colega de outro setor. Ele dizia que era muito injusto eu ter sido promovido, já que todos faziam o mesmo serviço, além do fato de ele ter mais tempo de empresa. Aquilo acabou me deixando muito decepcionado, passei a ouvir esse tipo de comentário com frequência e, a princípio, não me incomodava, mas chegou um momento em que a minha autoridade começou a ser questionada.

Eu fazia reuniões semanais com eles sobre a produtividade, desempenho geral da equipe, informava as metas e quais eram os objetivos da semana, dando orientações específicas, mas quando eu dava as costas, ele continuava fazendo tudo do mesmo modo e incentivando que os colegas também o fizessem. Eu soube reverter essa situação durante algum tempo, chamava-o para conversar e mesmo assim as coisas continuavam do mesmo jeito, até que um dia o adverti formalmente. A situação não foi constrangedora apenas para ele, mas para mim também, que agora deveria manter a calma e, sobretudo, não expor os membros da minha equipe. Este talvez seja um dos grandes desafios quando passamos a liderar a equipe da qual fazemos parte: é difícil lidar com as reações de todos e construir uma relação em que eles saibam que agora você está no comando. Mas veja bem, estar no comando nunca significou, para mim, assumir uma posição autoritária ou soberba, eu também não me sentia superior aos meus subordinados, na verdade, eu me sentia com um pouco de sorte por ter a possibilidade de conhecer os dois lados, e é exatamente isso que se torna o maior desafio."

Essa passagem específica das anotações parecia se encaixar perfeitamente com o momento que eu estava vivendo. Eu sabia que parte do comportamento do Pedro era devido à minha promoção, mas ler tudo aquilo abriu os meus olhos sobre o que fazer ou não. Decidi dar mais um tempo para que eles se acostumassem com a nova situação, era tudo muito recente.

Decidi voltar novamente as minhas atenções para as informações que eu precisava apresentar na reunião de sexta. Queria entender se havia problemas em outras operações que afetariam diretamente a minha.

Passei o resto do dia conversando com outros supervisores, alguns não batiam metas há muito tempo e outros tinham problemas parecidos com os da operação da Sandra, e aí eu cheguei a uma conclusão e decidi anotar:

"Os gastos com a contratação de mão de obra temporária também representam um problema, pois existe uma alta rotatividade do pessoal, o que nos leva a realizar os treinamentos de forma parcial, fazendo com que os índices de produtividade se mantenham, mas os de qualidade caiam."

Quando fui para casa, estava me sentindo exausto, embora sentisse que estava começando a compreender como fazer a gestão da minha equipe e, quem sabe, promover mudanças.

Tive uma noite agradável com os meus filhos, até ajudei um pouco com o dever de casa e, quando me deitei, conversei um pouco com a minha esposa, falei sobre as conclusões a que havia chegado e disse o quanto estava confiante para a reunião de sexta. Pela primeira vez na semana, dormi mais de quatro horas em uma noite.

Na manhã seguinte, cheguei e fui chamado direto para a sala do Lucas, que não estava com uma cara muito amigável.

— Bom dia, André, como vai? Algo muito desagradável aconteceu ontem à tarde.

Naquele momento eu me assustei. Quando fui embora, todos já haviam encerrado o expediente e, até então, tudo estava normal.

— O que aconteceu, Lucas? Tudo estava normal quando fui embora.

— O seu colaborador, Pedro, pediu demissão ontem. Ele veio diretamente até mim, deu as justificativas dele, mas disse que havia tido uma espécie de desentendimento com você. O que aconteceu?

— Nós não tivemos desentendimento, ele me procurou pedindo para trocar o dia de folga, situação que já tinha acontecido anteriormente, e eu disse não. Eu expliquei o motivo e até me dispus a ajudá-lo em outro momento, mas pelo visto não foi assim que ele entendeu.

— Bom, eu queria ouvir a sua versão. Percebo que houve também certa resistência quanto à sua promoção, ele não parecia satisfeito com o fato de você ter assumido a posição do Marcos. Não se preocupe, vamos contratar alguém para substituí-lo e quero que você participe ativamente desse processo seletivo.

Confesso que fui pego de surpresa, tanto pelo fato de Pedro ter se demitido sem ao menos ter conversado comigo, quanto pela novidade do processo seletivo. Será que eu conseguiria? Lucas seguiu falando:

— Vou abrir a vaga e, se iniciarmos o processo agora, em pouco tempo já teremos alguns candidatos. Enquanto isso, veja o que será necessário reorganizar para que a produção não caia.

— Tudo bem, vou fazer o possível para que o ritmo de produção seja mantido.

Assim que essa "reunião" terminou, voltei para a operação e pedi a todos um minuto de atenção.

— Bom, pessoal, como todos podem notar, o Pedro não está aqui hoje. Ele se demitiu ontem no final do expediente. Iniciaremos um processo seletivo para que sua vaga seja ocupada, mas por enquanto teremos que nos desdobrar para manter o mesmo ritmo, mesmo com a nossa equipe desfalcada.

Nesse momento, Celso pediu a palavra.

— Na verdade, estávamos desfalcados desde que você virou patrão. Estamos com dois a menos agora e você sabe o quanto é difícil produzir estando em desvantagem.

— É verdade, mas também sei que nos esforçaremos para nos adequar a esse momento, não é mesmo, pessoal? — disse Ana, que era uma excelente funcionária e sempre tentava fazer com que todos ficassem em um clima de harmonia.

Todos concordaram com Ana: sempre trabalhamos em sintonia e não havia motivos para ser diferente de agora em diante. Aproveitei para reforçar que estava ali para ajudar a todos e que eles poderiam contar comigo, me procurar para conversar e pedir ajuda sempre que julgassem necessário.

— Bom, vocês sabem que até pouquíssimo tempo atrás eu estava ocupando o mesmo lugar que vocês. Eu tive uma oportunidade que espero que todos tenham no futuro, e é por isso que me coloco à disposição para ajudar no que for preciso, quero ser uma pessoa acessível. Agora, vamos voltar ao trabalho e nos empenhar para atingir nossos objetivos.

CAPÍTULO VI: DEFININDO NOVAS METAS

Assim que saí, vi que todos voltaram para as suas posições. Eu precisaria me desdobrar, pois teria de me dedicar ao máximo para a operação e também precisava consolidar as minhas ideias para a reunião de amanhã.

À tarde, o Celso me procurou, sua expressão era aflita.

— Cara, eu ouvi seu discurso hoje, sei que você tem boas intenções e vontade de fazer a diferença, mas essa história sobre a nova contratação é real? Desde que você assumiu a operação, os rumores são de que haverá cortes, e não novas contratações.

— Eu não mentiria sobre isso. Hoje mesmo eu tive uma reunião e soube que o processo seletivo começará em breve. Sei que este momento pode ser bastante desgastante, mas peço um pouco de compreensão, em breve as coisas se normalizarão.

— Tudo bem, só queria ter certeza mesmo sobre a nossa real situação.

No final da tarde, soube que uma máquina estava apresentando problema e, se ela parasse, nossa produtividade seria impactada, por isso abri um chamado para a manutenção antes de ir embora e decidi que chegaria mais cedo no dia seguinte para verificar se o problema já estava resolvido.

A minha noite foi de tensão. Apenas o meu corpo estava presente na mesa do jantar; minha cabeça estava na reunião de amanhã e também nos problemas da minha operação. Não dormi durante a noite, rolei na cama de um lado para o outro, levantei e fui para a sala... minha intenção era seguir lendo o documento do Bruno, mas percebi que já estava muito tarde e precisava me forçar a dormir pelo menos um pouco, pois seria um longo dia.

Saí de casa bem cedo, tinha de verificar se a máquina já havia sido reparada e também queria imprimir alguns documentos, relatórios e repassar todos os pontos que queria apresentar.

Quando cheguei à empresa, a máquina já estava arrumada e os primeiros funcionários começavam a chegar. Fui para a minha sala, passei para tomar café e segui para a sala do Fábio, que havia marcado a primeira reunião do dia comigo.

— Soube que houve uma baixa na sua equipe. O que aconteceu?

Eu só conseguia pensar em como as notícias corriam e estava preocupado em como aquele pedido de demissão estaria ecoando sobre a minha postura enquanto supervisor. Se ele se arrependesse da promoção, eu poderia ter o mesmo destino do Marcos.

— Pedro era um excelente funcionário, mas ele sempre foi resistente a mudanças. Sei disso porque já o vi questionar Marcos mais de uma vez... talvez a partida dele e a contratação de alguém novo injete um novo ânimo na operação — respondi a Fábio.

— Como contratação? É o momento de reduzir custos e não contratar alguém! Você tem ideia de quanto custa esse tipo de processo para a empresa? Todos os treinamentos, todo o trabalho? Você terá de trabalhar com a sua equipe como está, o máximo que podemos fazer nesse momento é deslocar algum colaborador temporário para o seu setor. — Fábio parecia um pouco irritado.

— Não foi isso o que Lucas me disse ontem, quando ele me chamou para informar sobre a saída do Pedro... ele disse que abriríamos o processo seletivo e que eu poderia participar ativamente, escolhendo a pessoa certa para ocupar a vaga.

— Veremos isso depois. Precisamos falar sobre as suas metas: acho que você está se saindo bem para alguém que nunca esteve em um cargo assim antes, mas perceba que ainda há um abismo entre os resultados atuais e a meta real. Você pensou em como resolver isso na sua operação?

Aquele era o meu momento. Precisava apenas ter calma para apresentar para ele todos os meus cálculos e explicar como a divisão da meta não estava correta.

— Eu estive analisando as metas da operação e vi que há uma falha em seu cálculo. Quando fui analisar quais eram as metas globais da área industrial, percebi que elas não tinham nenhuma relação com a proposta para a operação. Foi então que resolvi investigar se isso acontecia somente no meu setor e, para a minha surpresa, pude perceber que a divisão das metas é incompatível em todos os setores.

Fábio me olhava com cara de surpreso, eu podia ver o seu olhar de "do que ele está falando?". Segui dizendo:

— Se as metas individuais não refletirem as metas globais, nós sempre teremos um problema. Podemos reduzir os custos, aumentar a capacidade da produção e até mesmo bater as metas, mas ainda assim teremos um déficit em relação à meta global.

— E você sabe me dizer por que ninguém percebeu isso antes?

— Isso eu não posso responder, mas acredito que é necessário refazer os cálculos e apresentar metas reais, que correspondam aos objetivos da indústria. E para isso, senhor, é necessário nos prepararmos para aumentar as metas, mas sem alarmar os demais funcionários. Devemos ser transparentes, é claro, mas temos de encontrar a melhor maneira de falar sobre isso com todos da nossa equipe.

— Muito bem, André, o que mais você descobriu?

— Há outro problema que também está impactando a nossa produtividade. Estive conversando com outros supervisores e chegamos à conclusão de que a contratação de funcionários temporários gera mais custos que benefícios.

— Desenvolva isso melhor. — Fábio fazia anotações conforme eu ia falando.

— Bom, o custo de um funcionário temporário é efetivamente menor de forma geral, entretanto, no momento do seu ingresso, ele só recebe um treinamento básico e é enviado diretamente para a operação, na maioria das vezes sem conhecer bem os processos, o maquinário e todas as normas de qualidade. Isso é demonstrado pelos indicadores de qualidade do último semestre, que estão no relatório "A".

Eu havia passado os últimos dias organizando essas informações e reuni os indicadores de qualidade do meu setor e de dois outros que tinham uma ligação direta com o meu para demonstrar que, quanto maior o número de funcionários temporários, pior eram os índices de qualidade, por mais que a produção se mantivesse em alta.

— Eu sei que os custos para a contratação de alguém efetivo são superiores aos da contratação de temporários, porém, um funcionário efetivo passa por um processo de seleção mais eficaz, que remete a um serviço de médio e longo prazo, trazendo profissionais que querem se manter na empresa, além de contarmos com o período de experiência, que possibilita avaliarmos se ele é ou não capaz de atender às demandas necessárias. Se você olhar no relatório "B", por exemplo, os setores 5, 8 e 9 apresentam em seu quadro somente funcionários fixos, que passam por treinamentos frequentes e têm indicadores de qualidade superiores a qualquer outro setor da empresa.

Enquanto falava, eu via o olhar atento de Fábio me acompanhando e eventualmente concordando com as minhas afirmações, tomando nota e olhando atentamente os relatórios que eu havia preparado ao longo da semana. Então, comecei a concluir meu raciocínio:

— Eu acredito que, se ajustarmos as metas da empresa e investirmos na equipe interna para os setores que realmente precisam, ou mesmo efetivar esses temporários, desde que eles tenham desempenho satisfatório e passem por um processo de treinamento, teremos uma melhora nos nossos indicadores e, em pouco tempo, não teremos mais déficit.

Fábio me olhava curioso, talvez ele me achasse ingênuo ou mesmo idiota, pois estava no cargo há pouco tempo e já estava cheio de ideias mirabolantes. Mas eu me lembrava do Bruno e do documento que ele me enviara contando as suas experiências, e havia um argumento muito forte que me marcou, com o qual eu concordava plenamente: nunca saberei se estou no caminho certo se não tentar. Eles viram alguma coisa em mim quando me escolheram para o cargo e isso me deixava um pouco mais tranquilo.

— Eu acredito que você está no caminho certo, mas eu quero mais que só relatórios. Pode verificar os cálculos sobre a divisão da meta? Pelo menos na sua operação? Também gostaria que conversasse com a sua equipe sobre isso, tente fazer isso sem mim e sem o Lucas.

Ele já estava na porta quando me disse que eu poderia contratar apenas um funcionário para o setor:

— Vou apostar na sua teoria, vamos ver qual será o resultado. Quero ver o que os números vão dizer.

Quando ele saiu da sala, senti-me aliviado. Tinha conseguido explicar todos os pontos que queria, mas também tinha muitas responsabilidades a partir de agora.

O que realmente me preocupava, porém, era como dar todas essas notícias para o meu time — principalmente sobre as metas — sem fazer com que eles sentissem que haviam perdido tempo. E sem assustá-los sobre o volume de trabalho, também.

Eu conhecia minha equipe e sabia o quanto eles se esforçavam para bater as metas diariamente, e temia que um aumento nesse momento causasse uma desmotivação geral. Precisava de um plano e de aliados, pessoas de dentro da operação que me ajudassem a falar com os outros, que seriam meu braço direito nesse momento.

Resolvi contar com a ajuda da Ana, do Thiago, do Celso e do Mateus, que tinham mais tempo de empresa e eram muito comprometidos. Esta seria uma excelente oportunidade para testar também o impacto das novas informações.

Por um instante, até me esqueci do processo seletivo que eu teria de ajudar a conduzir e da minha total falta de experiência com esses assuntos. Eu sentia um peso nos ombros inexplicável, parecia que eu estava lutando contra tudo e contra todos, mas de nada adiantaria eu me desesperar nesse momento. Mais uma vez, recorri às anotações do Bruno, encontrando nelas algo sobre o seu primeiro grande desafio.

"Quando eu assumi a liderança da minha equipe, tinha ideias revolucionárias e acreditava que podia mudar tudo com o que eu não concordava. Hoje, se eu posso dar um conselho a alguém, é que precisamos ter calma e entender que nem tudo está ao nosso alcance. Eu trabalhava em uma empresa de alimentos que tinha muitas relações comerciais com os países da América Latina, estava tentando se consolidar no mercado de exportação europeu e ainda atendia vários estados brasileiros. Os custos eram altíssimos, mas quando comecei a analisar o cenário da minha operação, que era responsável por cuidar do transporte dos produtos nacionais, percebi que muitos problemas eram provenientes dos atrasos em outros setores. Naquela época, achei que a solução mais lógica seria eu mesmo tomar a frente e tentar investigar os problemas de todos os outros setores, além dos meus, sem comunicar ninguém e sem contar com a ajuda de mais ninguém. Resultado: perdi o foco na minha operação, que começou a apresentar problemas e atrasos ainda maiores, e conquistei a inimizade dos outros supervisores, porque eles entendiam que eu estava me intrometendo no trabalho deles. Levou um tempo para eu entender que tenho de fazer o melhor para atender às necessidades somente da minha operação, a princípio, e que os outros supervisores eram meus pares — eu tinha meios para falar com eles, explicar meu posicionamento e contar com a ajuda deles. Se fosse tão simples comandar tudo, os gerentes não designariam supervisores para essas funções. Eu sempre falo que aprendi errando, pois só quando me dei conta de que estava negligenciando a minha equipe é que parei, coloquei a cabeça no lugar e criei um plano para cuidar dos problemas que estavam na minha frente: o atraso de entregas gera perda de qualidade no alimento, principalmente quando ele é congelado ou resfriado. Existem os problemas sanitários, controle de qualidade implacável e coisas do tipo, que tornavam o trabalho muito mais difícil. Um líder deve sempre olhar o outro como seu aliado. Quando existe um problema que impacta todos, devemos nos unir para tentar achar uma solução."

Quando terminei de ler, tive a sensação de que aquilo havia sido escrito para mim: eu não podia simplesmente me responsabilizar por todas as outras operações, precisava que eles entendessem o mesmo que eu para que todos pudéssemos adequar as nossas metas.

Resolvi pedir uma reunião com os outros supervisores e rapidamente enviei um e-mail para o Fábio, pois ele precisaria estar junto para que todos entendessem que o assunto era realmente sério.

Agora, tinha outro problema: como eu comunicaria à minha equipe sobre as metas, como explicaria que as metas eram incompatíveis e que, por isso, estávamos no vermelho há tanto tempo? Pior ainda: como não criar neles a sensação de que trabalharam em vão?

Antes dessa conversa, eu precisava fazer todos os cálculos para poder informar a meta exata daqui para frente e também precisava pensar logo na nova contratação, pois o trabalho aumentaria consideravelmente nas próximas semanas.

Passei o resto do dia me desdobrando entre a operação e a minha sala. Ainda usávamos uma parte do planejamento do Marcos e eu percebi que, se continuássemos seguindo essas orientações antigas, certamente não conseguiríamos atingir a meta de produtividade do mês, então eu fui dando novas instruções para cada colaborador, informando-os sobre a necessidade de intensificar a produção e, ao final do expediente, pedi para que todos me aguardassem na segunda de manhã, pois teríamos uma reunião muito importante.

CAPÍTULO VII: FAMÍLIA E TRABALHO — UMA RELAÇÃO DELICADA

EU LEVAVA MUITO TRABALHO PARA CASA, o que significava menos tempo com a minha família. Por mais que eu soubesse que eles entendiam, eu me sentia mal, pois estava me tornando quem jurei para a minha esposa que nunca seria.

Fui para casa com muitos documentos, computador, relatórios e muitas ideias, precisava apresentar um novo plano de produção para a operação. Também levei para casa os primeiros currículos que chegaram — já havia pelo menos oito —, previamente selecionados por Lucas, que tinha ampla experiência em recrutamento e seleção e se encarregava dessa triagem inicial.

Assim que cheguei à noite, estava bem cansado. Tomei um banho e fui jantar com a minha esposa e filhos. Eles estavam animados para o aniversário do Luiz, meu filho, no próximo final de semana, mas eu seguia preocupado com todas as tarefas que precisaria cumprir.

Minha esposa tentou me convencer a levá-los para dar uma volta, pelo menos para tomar um sorvete no centro da cidade, mas eu estava exausto, não tinha cabeça para nenhum programa.

Foi a primeira vez que fui dormir sentindo que havia deixado minha esposa e filhos tristes e, por mais que eles soubessem que estava começando uma nova fase no trabalho, eles ainda me queriam presente como antes. Acordei por volta das 4h e não consegui mais dormir, decidi ir para a sala dar uma lida nos currículos que estavam disponíveis, estava ansioso pela nova contratação.

Quando comecei a analisá-los, me assustei: todos os candidatos eram bem mais jovens e sem tanta experiência operacional, mas todos com formações excelentes, alguns com pós-graduação na área. Para ser sincero, não estava tão entusiasmado com o que tinha visto até o momento, eu sabia que a operação precisava de sangue novo, mas esperava que fosse alguém parecido comigo, com as mesmas características e o mesmo esforço também.

Segui lendo e um dos últimos currículos me chamou atenção, um sujeito com 36 anos, 16 de experiência na área. Tinha uma formação um pouco inferior aos outros, mas a experiência dele poderia ajudar, poderia ser o que precisávamos naquele momento. Selecionei o seu currículo e certamente pediria para Lucas agendar as primeiras entrevistas na segunda-feira.

Fiquei na sala até as 5h e voltei para a cama, aproveitei para dormir um pouco até que minha esposa acordasse. Conversamos um pouco antes de nos levantarmos e ela disse que meus filhos estavam sentindo a minha falta, pediu para que eu tirasse um tempo para brincar com eles ou levá-los para dar uma volta — eu prometi que faria isso depois do almoço.

Assim que nos levantamos, tomamos café e eu voltei para a sala. Passei boa parte da manhã analisando a meta geral e calculando como ela se ligava às minhas metas operacionais, chegando à conclusão de que, para a minha operação bater todos os indicadores, precisaríamos aumentar a nossa produtividade em 9,7%.

Confesso que foi um choque para mim: como ninguém havia percebido esse problema antes? Era evidente que existia um problema, mas todos ignoravam, querendo que um milagre simplesmente acontecesse.

Acabei calculando o restante das metas, verificando como seria o impacto nas outras operações. Para que tudo funcionasse perfeitamente, muitos ajustes precisariam ser feitos.

Quando minha esposa veio me chamar para almoçar, eu ainda demorei um tempo para ir, estava tão empolgado e preocupado que não sabia o que era fome, sede ou qualquer outra necessidade do corpo.

Assim que cheguei à mesa, vi que todos já haviam começado sem mim. Eles conversavam sobre a semana na escola e minha esposa os escutava, sempre rindo das piadas que minha caçula fazia. Naquele momento, me desliguei de tudo e prestei atenção somente neles, ouvi minha filha falar sobre a série nova de princesas a que ela estava assistindo e meu filho contou sobre seus planos de se tornar jogador de futebol.

O almoço acabou e voltei para meu local de trabalho em casa, pois precisava terminar os novos planejamentos semanal e mensal e preparar uma apresentação para a reunião com a minha equipe. Depois de algum tempo, minha esposa veio contar que levaria as crianças ao cinema, era final de semana e eles queriam fazer algo diferente. Eu apenas concordei e ela entendeu que eu não iria.

Minha atenção ao trabalho era tamanha que eu nem sequer conseguia olhar direito para ela, apenas concordava com o que dizia. Passei o restante do sábado trabalhando e vi quando meus filhos chegaram — a Sophia foi direto para a cama, mas o Luiz passou para me dar um beijo e dizer que me amava muito.

Quando saí da sala, Aline, minha esposa, estava vendo um filme. Ela me olhou de um modo muito acolhedor e me chamou para me sentar com ela, pois sabia o quanto eu estava cansado.

— Vem, meu amor, vamos aproveitar que as crianças dormiram para ver um filme. Você precisa relaxar um pouco e se desligar do trabalho por algumas horas.

— Tudo bem, querida, eu preciso mesmo descansar. Amanhã vou tentar trabalhar menos, mas isso tudo vai melhorar, eu prometo.

Seguimos assistindo ao filme e eu rapidamente adormeci, estava exausto. Logo eu e minha esposa fomos nos deitar e, quando acordei, ela estava me trazendo café na cama, com as crianças também se aproximando. Aproveitei aquele momento e avisei que mais tarde sairíamos um pouco, como sempre fazíamos, para aproveitar o restinho do dia juntos, mas expliquei que, para isso acontecer, eu precisaria me concentrar bastante no trabalho.

Perto do almoço, recebi uma ligação da Sandra, dizendo que tinha ouvido rumores sobre a meta e me pedindo para explicar o que estava acontecendo. Ela disse que já estava trabalhando no limite e que não teria como forçar ainda mais a equipe dela, principalmente porque seu quadro era composto por vários funcionários temporários.

Eu pedi que ela se mantivesse calma, que em breve teríamos uma reunião com o Fábio e ele explicaria melhor o que estava acontecendo.

Passamos algum tempo conversando e ela disse que estava realmente impressionada com o meu desempenho, pois em tão pouco tempo em um cargo de liderança havia descoberto um problema para o qual ninguém se atentara antes.

Agradeci, mas disse que o mérito não era só meu, e sim de todos que estavam percebendo que algo estava errado, inclusive ela, quando falou sobre o problema de produtividade, pois foi aquilo que me chamou atenção para uma série de outros fatores.

Quando me dei conta, minha esposa estava na porta da sala, me chamando para almoçar. Eu apenas indiquei que já iria e segui conversando com a minha colega, falando inclusive sobre o problema dela com os temporários. Assim que terminamos a ligação, percebi que já era quase uma hora da tarde e saí quase correndo para a mesa do almoço, mas minha esposa e filhos já haviam almoçado e saído.

Eu me senti negligente, senti que não estava cumprindo o meu papel de pai e marido companheiro, mas sabia que eles entenderiam que era por uma razão maior. Eu estava sobrecarregado e tentaria compensar tudo no final de semana seguinte.

Todos voltaram tarde, passaram o resto do dia na casa da minha sogra e foram direto dormir, inclusive a minha esposa. Eu aproveitei para me deitar logo em seguida, mas, como de costume, fiquei rolando na cama, ansioso para a reunião do dia seguinte, para encontrar Fábio, falar sobre as conclusões a que eu havia chegado a partir dos novos cálculos e dar início ao processo seletivo.

CAPÍTULO VIII: GRANDES DESCOBERTAS E GRANDES RESPONSABILIDADES

Assim que cheguei à empresa na segunda-feira, encontrei Lucas e ele me disse que tinha mais alguns currículos para me encaminhar; eu também aproveitei para falar sobre os que eu já havia selecionado na primeira leva e indicar que gostaria que eles fossem chamados para a seleção. Em seguida, fui para a sala do gerente, que me recebeu com uma cara não muito amigável.

— Pode falar, André. Fez mais descobertas?

Talvez eu estivesse desconfiado demais, mas senti certa ironia em sua voz.

— Bom, Fábio, na verdade eu fiz os cálculos sobre a meta, considerando agora as metas gerais de produção, e receio não ter boas notícias. Para que possamos atingir todos os indicadores sem que fiquem negativos, a produção do meu setor teria de aumentar 9,7%, imediatamente. Eu tomei a liberdade de fazer os cálculos dos outros setores e existem outros casos bem piores.

— E qual é a sua sugestão diante desse cenário?

— Primeiro, precisamos chamar todos os supervisores e explicar o problema, falar sobre a meta de cada setor e a meta geral da indústria, explicar que elas não estavam alinhadas e todas essas coisas que você já sabe. Em seguida, precisamos dar essa notícia nas operações. Já convoquei uma reunião com a minha equipe, mas acredito que será um susto para eles, por isso arrumei um jeito de diluir essa meta criando um novo cronograma, bem diferente daquele deixado pelo Marcos.

— Certo, agende essa reunião com todos os supervisores, então. Prepare uma apresentação e nos encontramos hoje, às 14h.

Eu esperava um pouco mais de apoio, esperava que ele pelo menos fosse querer supervisionar o meu trabalho, mas entendi que ele quis pagar para ver se eu realmente daria conta de tudo. Senti medo, pois se eu falhasse ou falasse algo absurdo, todos achariam que minha promoção fora precipitada.

Fui para a operação e encontrei todos os colaboradores reunidos, ansiosos pela minha chegada. Fomos todos para a sala de reuniões e pude começar a explicar o que estava acontecendo.

— Primeiro, gostaria de agradecer a todos por estarem aqui tão dispostos a ouvir o que eu tenho para dizer. Vocês sabem que eu assumi a operação há pouco tempo, mas foi justamente por conhecer a realidade do outro lado que eu soube que havia algo que não batia.

Eu podia perceber os olhares assustados de todos e por isso tentava ser o mais cauteloso possível com as palavras.

— Eu percebi que, mesmo que nossos indicadores estivessem positivos todos os meses, ainda estávamos longe do ideal, nossa meta não tinha relação nenhuma com as metas industriais e, por isso, estávamos sempre no vermelho.

— Pô, chefe, quer dizer que estamos trabalhando à toa, então?

— Não, de modo algum, vocês estavam cumprindo as ordens que tinham, assim como eu também cumpri durante muito tempo. Não tínhamos como saber que havia algo errado, nós quase nem sabíamos quais eram as metas e objetivos até duas semanas atrás.

Nessa hora, Ana se manifestou:

— Isso é verdade, nosso outro supervisor não tinha o costume de se reunir nem de apresentar as metas, já você tem feito isso e nos dá até mais ânimo para o trabalho.

— Deixa de ser puxa-saco, pô! — Este era um comentário típico do Raul, que vivia tentando colocar fogo na equipe.

Eu intervi:

— Obrigado, Ana, e para quem acha que ela está sendo puxa-saco, ela apenas está manifestando algo que viu como uma melhoria. Vou aproveitar para apresentar o novo planejamento para vocês, com a meta reconfigurada. Peço que não se assustem, eu sei que vamos conseguir cumpri-la, até porque as coisas vão melhorar nos outros setores também e isso vai impactar muito o nosso setor.

— E o cara novo, vai mesmo contratar alguém? Estou vendo muita conversa sobre a meta subir e nenhum anúncio de ajuda. — Bento era um de nossos funcionários mais antigos e era uma espécie de figura de liderança no grupo.

— Sim, haverá pelo menos uma contratação. Já demos início ao processo seletivo e assim que a pessoa passar por todos os treinamentos, ela integrará a equipe.

Pude observar as caras de alívio de todos, inclusive da Ana, que tentava sempre me apoiar, mas também estava muito apreensiva. Houve uma época em que um setor inteiro foi demitido e isso preocupava a todos, principalmente com a crise financeira que o país vinha enfrentando.

Apresentei o novo planejamento, tanto semanal quanto mensal, coloquei-me à disposição para resolver qualquer problema, respondi a alguns questionamentos e logo em seguida liberei todos de volta ao trabalho.

Resolvi me concentrar na apresentação que teria de fazer e na reunião de mais tarde; eu estava exausto e começando a perceber que o cansaço mental era muito pior que o cansaço físico.

Eu nem almocei, dediquei todo o meu tempo me preparando e fui para o auditório 15 minutos antes do horário para ligar o computador e abrir a apresentação.

Fábio chegou logo depois de mim, pediu um tempo para falar com todos os supervisores primeiro e depois passaria a palavra para mim. Eu entendi o seu recado e me sentei na primeira fila.

Quando todos chegaram, ele começou com um discurso que me surpreendeu:

— Bom, vocês devem saber que estamos passando por algumas mudanças, tanto estruturais quanto no quadro de funcionários. Alguns de vocês têm acompanhando mais ativamente essa nova fase, contribuindo com as suas percepções para um melhor desempenho da empresa. Recentemente, trocamos um supervisor e ele tem trabalhado incansavelmente para entender por que as nossas metas estão tão desalinhadas, atrapalhando o desenvolvimento da empresa. Hoje, ele vai falar com vocês a respeito dessas descobertas e do que ele propõe para revertermos esse quadro.

Eu estava terrivelmente apavorado, não esperava uma apresentação daquelas — para falar a verdade, eu achava mesmo que ele aproveitaria a oportunidade para apresentar a ideia como sendo dele, ou ainda, para diminuir a importância do meu trabalho. Quase não consegui levantar quando ele passou a palavra para mim.

— Bom, sou o André, mas antes de falar sobre as minhas descobertas, preciso primeiro contar que, quando assumi o cargo, eu estava perdido e sem saber o que esperavam de mim. Então, fui conversar com Fábio para entender melhor sobre as metas e os indicadores da empresa, já que meu supervisor não tinha o costume de compartilhar essas informações conosco. Quando comecei a analisar as metas individuais da minha equipe, percebi que elas não tinham nenhuma relação com a meta geral, logo, eu poderia batê-las todos os meses que mesmo assim teria um déficit. Gostaria que vocês levantassem a mão caso isso também ocorra na operação de vocês.

Com a exceção de um pequeno grupo, quase todos os supervisores levantaram as mãos. Então projetei no telão:

"TER METAS ERRADAS FAZ COM QUE FAÇAMOS CERTO A COISA ERRADA."

— Estamos fazendo a coisa errada porque o planejamento está errado, ele parece contemplar ações independentes e, desse modo, nunca conseguiremos atingir os objetivos da empresa.

Percebi que nesse momento as conversas começavam entre eles, o silêncio que fazia parte daquele ambiente foi invadido por uma série de perguntas e várias pessoas falando ao mesmo tempo. Decidi começar a responder às perguntas.

— Mas a meta de produção está errada? Como isso pode acontecer?

— Eu também não sei — respondi. — Em algum momento, essa distribuição começou a vir errada e nós nunca nos demos conta.

Outra pessoa perguntou:

— Mas isso significa ter de aumentar a produção? Não acho que temos capacidade de produzir mais com o número de funcionários reduzido.

— Podemos contratar funcionários temporários para aliviar a pressão, pelo menos um pouco — disse outra.

— Evidentemente que não, eu não quero mais nenhum temporário no meu setor, eles não sabem bem o que fazem e comprometem todo o andamento da operação — rebateu outro supervisor.

Eles estavam todos falando ao mesmo tempo e eu pude perceber que os problemas que eu passava também eram enfrentados por outros. Foi quando Fábio pediu a palavra:

— Eu sei que são muitas coisas para processar, mas tenho uma pergunta a fazer: vocês nunca perceberam isso antes? Eu sei que em algum momento o erro veio de cima, já estou investigando isso, mas é impressionante que todos estivessem conformados com os resultados incompletos.

O silêncio voltou a reinar. Eu olhava as caras de desapontamento, também de constrangimento, e sinceramente não esperava que minhas descobertas fossem causar problemas para ninguém, mas Fábio seguiu dizendo:

— Vamos nos reunir assim uma vez por mês e quero que todos vocês venham apresentar problemas, soluções e conclusões aqui, assim como o André fez. Ele fez algumas estimativas sobre as metas certas para todos os setores, poupando até trabalho para vocês, e no final da tarde todos receberão essas informações por *e-mail*.

Os comentários recomeçaram:

— Se a meta aumentar, vai ser péssimo para a operação! — disse um supervisor.

— Como dar essa notícia para o pessoal? Eles já estão esgotados.

— Diga lá, sabe-tudo, como você fez para dar essa notícia maravilhosa para a sua equipe? — perguntou o supervisor que tinha ligação direta com o meu setor.

Pedi a palavra novamente.

— Eu percebi que o planejamento que tínhamos estava inadequado e que se continuássemos a segui-lo jamais teríamos os resultados certos. Então, apresentei o que pensei em fazer e o que já estava fazendo.

— Isso pode funcionar — disse Sandra, minha colega que tinha problemas parecidos com os da minha equipe. — Mas você contou à sua equipe sobre as suas descobertas ou vai manter isso apenas entre nós?

— Eu disse tudo o que eles precisavam saber para entenderem o porquê de algumas mudanças, entenderem pelo que estavam trabalhando e para motivá-los... eles devem acompanhar tudo para não se sentirem perdidos.

Pude ver que Fábio esboçou um singelo sorriso e me senti um pouco mais tranquilo, afinal, tinha conseguido explicar tudo o que precisava. Quando a reunião terminou, vários supervisores vieram conversar comigo sobre os meus estudos e as minhas ações, muitos tinham impressões parecidas e foi uma boa oportunidade para trocar ideias, inclusive sobre o modo como deveriam traçar um novo plano — mas pedi que aguardassem o material prometido, pois assim seria mais fácil dar o pontapé inicial.

No fundo, eu tinha medo de me sobrecarregar e não conseguir controlar a minha própria operação, por isso não queria me comprometer tanto com ajudas mais diretas.

Quando o expediente acabou, fui direto para casa e contei para a minha esposa como havia sido o meu dia, justificando o motivo de ter ficado o fim de semana tão distante. Eu disse que estava feliz e sabia que as coisas melhorariam dali para frente.

Não trabalhei naquela noite, coloquei os meus filhos para dormir, li uma história para eles e pude aproveitar um tempo de qualidade com a minha esposa, que também me contou sobre o seu dia, sobre os preparativos para a festa do nosso filho e de como ela queria tirar férias, dizendo que eu também estava merecendo.

Tivemos uma noite agradável e finalmente tive uma boa noite de sono. Na manhã seguinte, aproveitei para deixar meus filhos na escola e seguir para o trabalho. Quando cheguei, fui surpreendido pelo Lucas na minha sala: ele estava me aguardando com uma pilha de currículos, dizendo que eu deveria analisá-la até às 10h e avisá-lo, pois ele marcaria a entrevista para o dia seguinte. Só tive tempo de passar na operação para dar bom dia para a minha equipe, reforçar as metas semanais e avisar que, se eles precisassem de qualquer ajuda, eu estaria na minha sala.

Então, voltei e comecei a analisar todos os candidatos. Eu sei que buscava uma pessoa igual a mim para ocupar o lugar que já havia sido meu outrora, mas sabia que cada um seria único e contribuiria de um jeito. Dos 20 selecionados, eu gostei do currículo de oito — somados aos cinco que já havia escolhido ontem, teria 13 candidatos. Provavelmente meu novo colaborador estaria entre eles.

Preenchi alguns documentos e, quando fui olhar meus *e-mails* novamente, percebi que vários supervisores tinham me enviado mensagens sobre o replanejamento. Compartilhei o modelo que utilizei e voltei para a operação, vi que todos trabalhavam com certa tranquilidade, exceto Celso, que estava bastante nervoso, dizendo que eu estava mentindo para todos ali.

Fiquei sem entender e o chamei para conversar, mas ele se recusou. Já estava perto da hora de ir embora e ele preferia terminar o trabalho e conversar no dia seguinte. Decidi ir até a operação da Sandra, ver como estavam as coisas por lá e pedir algumas dicas sobre a entrevista que aconteceria na manhã seguinte.

Quando cheguei lá, ela me disse que havia um comentário rolando na "rádio-peão" de que eu estaria tentando mostrar serviço para o Fábio e por isso estava fazendo com que todos trabalhassem mais. O comportamento de Celso fez todo sentido naquele momento, agora bastava saber de onde teria surgido aquele comentário, mas recebi um conselho valioso de Sandra:

— Você está fazendo um bom trabalho e isso vai incomodar muita gente, as pessoas não enxergam com bons olhos quem nos tira da zona de conforto. Desde que esses comentários não o prejudiquem ou firam de algum modo, ignore-os. Foque apenas o seu trabalho.

— Você tem razão, eu até vim pedir a sua ajuda. Amanhã, vou entrevistar alguns candidatos para preencher uma vaga remanescente na operação e nunca precisei fazer isso antes. O que você observa antes de contratar alguém?

— Isso depende do que você está procurando. Primeiro, você deve observar as qualificações dessa pessoa: ela está apta a desenvolver o trabalho, sua formação pressupõe que ela está preparada? Depois, eu os observo na entrevista, o jeito como se comportam, a postura etc., pode ser que alguma coisa ali chame sua atenção. Mas o mais importante é que você evite comparações, lembre-se de que cada pessoa é única e tem seu jeito, suas experiências, suas vivências, então saiba respeitar isso.

Saí da sala dela pensando sobre isso. "Não adianta eu querer contratar um 'novo eu', preciso contratar alguém que se encaixe no nosso perfil operacional e complemente os talentos da minha equipe."

Fui para casa pensando bastante sobre isso, dei uma olhada nos currículos novamente e ainda fiquei pensando um pouco sobre o comportamento de Celso e de como os comentários o estavam afetando, justo ele, que sempre foi tão companheiro.

Novamente lembrei-me de Bruno e tudo o que ele escreveu sobre a liderança, sobre "mudar de lado", e compreendi que a liderança pode ser um processo muito solitário, pois ninguém entende de fato o que estou passando e eu não posso nem me sentar com a equipe e me queixar como eu fazia antes, pois além de ser totalmente inadequado, só geraria mais medo e insegurança neles.

CAPÍTULO IX: AS ENTREVISTAS

Na manhã seguinte, eu saí cedo. Queria que tudo corresse bem e, para isso, resolvi evitar atrasos. Lucas já estava me esperando, os candidatos chegariam às oito horas e era uma boa quantidade de nomes para serem entrevistados.

Quando todos já estavam na sala, nós entramos e nos apresentamos. Eu estava com os currículos de todos separados e Lucas começou a explicar sobre a vaga:

— Gostaria de agradecer a todos pelo interesse de participar do nosso processo seletivo. Como todos sabem, temos apenas uma vaga aberta neste momento.

Ele explicou qual era a jornada de trabalho e algumas informações sobre a vaga e, enquanto ele falava, eu ia olhando para cada um deles, tentando observar a linguagem corporal ou algum sinal diferente — mas todos estavam apenas quietos, escutando.

Em seguida, eles se apresentaram, mas somente três me chamaram atenção: Rafael, Vinícius e Joaquim, que inclusive foi o primeiro currículo que eu selecionei por ter uma trajetória e formação parecidas com a minha.

Todos participaram das atividades propostas e oito foram selecionados para a próxima fase, mas somente quatro passaram para a última etapa, que seria uma entrevista individual.

As entrevistas individuais ficaram para o dia seguinte, eu teria tempo para olhar as provas e os currículos novamente, mas como ainda me sentia inseguro, voltei a consultar o documento do Bruno.

"Quando assumimos um cargo de liderança, muitas responsabilidades surgem. Enquanto estamos apenas na operação, temos a impressão de que nosso superior não faz nada, apenas dá as ordens e passa o restante do tempo pegando no nosso pé, mas quando assumimos um cargo assim é que percebemos que são muitas atribuições e como é complexo dar conta de tudo."

Havia algumas anotações abaixo sobre entrevistas e processos seletivos.

"Entrevistar candidatos é sempre complexo, principalmente quando não temos experiência. Isso porque nos baseamos em nós mesmos para formar um julgamento e, quando não encontramos alguém como nós mesmos, acabamos nos decepcionando. Por isso, é importante estar preparado para lidar com as diferenças e com a diversidade e procurar alguém que complemente o nosso jeito."

Embora não fosse o que eu esperava ler, aquilo serviu para que eu abrisse um pouco a minha mente e encarasse todos os candidatos da mesma forma, afinal de contas, os mais jovens também tinham o mesmo potencial, às vezes até mais que alguém da minha idade.

Quando voltei para a empresa no dia seguinte, encontrei Ana me esperando. Ela queria conversar.

— Chefe, acho que não vamos conseguir bater nossa meta este mês. Sinceramente, eu começo a me questionar se ter adequado todas as metas e trocado nosso planejamento realmente foi a coisa certa a se fazer.

— Por que você diz isso?

— Antes, mesmo com as metas erradas, nós as batíamos todo mês; agora começamos a não entregar o resultado. Os outros setores atrasaram o repasse de produtos para nós, e sem a matéria-prima não temos como produzir a quantidade certa no período certo. — Ela parecia aflita.

— Temos material para trabalhar por quanto tempo?

— Cerca de uma semana!

— Certo, eu vou resolver isso. Chame todos aqui, tenho que ser breve.

Quando todos chegaram à sala, comecei a falar:

— Ana me disse sobre o problema que estamos prestes a enfrentar, mas saibam que eu vou buscar a melhor maneira de resolver essa situação, antes que ela se agrave. Vocês conseguem se comprometer a manter o foco e prestar atenção na qualidade do serviço?

— Sim, chefe — disseram em uníssono.

— Então é isso, tudo está sob controle. Vou ver o que posso fazer para que possamos bater a meta. E parabéns, vocês identificaram um problema e vieram me procurar, é isso que uma equipe faz! Estou aqui para formarmos um grande time!

Era um problema que eu não esperava e ainda teria de me concentrar nas entrevistas, mas tive uma ideia que talvez me ajudasse a ver como eles se comportariam e ainda me daria alguma luz sobre o que fazer.

O primeiro entrevistado seria Vinícius, 28 anos, formado há cinco. Trabalhou na empresa do pai desde que estava na graduação, mas decidiu sair para buscar outras oportunidades e conquistar a independência, de fato.

Resolvi questioná-lo:

— Mas por que escolheu a nossa empresa?

— Eu conheci algumas pessoas que já trabalharam aqui e todos falam que vocês incentivam os funcionários, dão voz a todos e oportunidades de crescimento.

— Você está saindo de um negócio familiar, não teria chances de crescer lá também?

— Eu quero ser independente, construir o meu próprio caminho. Se eu ficasse na empresa do meu pai, certamente teria sucesso, lá tudo indicava que em pouco tempo eu estaria à frente do negócio, mas eu quero ter certeza de que sou capaz de fazer isso por mim mesmo.

— Então, você gosta de desafios?

— Sim, sou movido por desafios, por isso deixei o conforto de trabalhar com a família.

— Certo, então vou lhe dar um problema e gostaria que você pensasse em alguma solução para ele, topa?

— Claro!

Comecei a falar, eu tentava criar uma situação geral para não comprometer dados da empresa.

— Imagine que sua empresa esteja passando por uma readequação e que isso está gerando atraso em diversos setores, comprometendo a produtividade de toda a empresa. Pense que um setor atrasa a entrega de determinado insumo e que o outro setor diretamente ligado a ele corre o risco de parar a sua atividade. O que você faria para reverter essa situação? Pense e voltamos a conversar em meia hora.

Quando ele saiu, o segundo candidato entrou na sala, era Joaquim. Eu tinha certa simpatia por ele, mas me policiei para ser totalmente imparcial.

— Fale um pouco de você.

— Bem, eu tenho 38 anos, casado e trabalho na área há 16 anos. Caí primeiro na lida para depois estudar; foi só quando essas máquinas se modernizaram demais que eu me senti pressionado a buscar atualização...

— E o que o levou a se candidatar a essa vaga?

— Emprego hoje está muito difícil e estou sem trabalhar há quatro meses. A empresa onde eu trabalhava antes fechou o meu setor inteiro e eu não tive uma oportunidade de recolocação.

— Mas algo específico faz com queira trabalhar aqui?

— Aqui paga muito bem, chefe.

Não era a resposta que eu queria ou esperava escutar, mas resolvi testá-lo mesmo assim:

— Certo, vou lhe propor um desafio, topa?

— Claro, pode falar!

Apresentei a mesma situação para esse candidato; quem sabe a resposta dele não me desse algo para pensar.

Rafael foi o candidato seguinte, um rapaz jovem, com excelente formação e boas referências.

— O que o levou a se candidatar a essa vaga?

— Eu quero crescer. Gosto muito da minha área, mas não me vejo nela para sempre, acho que posso fazer a diferença liderando um grupo no futuro. Então, quero aprender tudo o que posso e construir uma carreira sólida.

— Ótimo. Posso lhe propor um desafio?

— Sim.

— É uma situação hipotética, mas gostaria que você pensasse em uma solução para ela e me apresentasse em meia hora, pode ser?

Ele apenas consentiu com a cabeça e, como fiz com os demais, apresentei o caso para que ele resolvesse.

O último candidato era Patrick, também tinha ido muito bem em todas as etapas até o momento.

— Como vai? Você pode me falar o que o levou a se candidatar a essa vaga?

— Cara, eu preciso trabalhar. Eu me mudei para cá recentemente e, como tenho formação na área, quis aproveitar a oportunidade. Não tive uma razão específica.

— Certo... como você lida com a pressão e com *feedbacks*?

— Lido bem, mas tem de fazer sentido. Às vezes, as pessoas são muito apressadas, querem tudo para ontem.

— Mas imagine que o seu supervisor deu um direcionamento para toda a equipe e, mesmo que não faça sentido para você, é o melhor para a operação. Você se recusaria a seguir?

— Sim. Como fazer algo apenas por fazer?

— Mas você não acha que os anos de experiência dos outros contam nesses momentos?

— Podem até contar, mas quem vai colocar a mão na massa sou eu e, se eu arrumo outro jeito de fazer, pode ser bom também.

— Você pode ter razão. Eu vou pedir para que aguarde na sala no final do corredor, logo chamaremos todos.

Lucas ficou no fundo da sala observando as entrevistas. Achei que a presença dele me deixaria mais nervoso, mas eu fiquei confortável. Quando o último candidato saiu, ele sorriu.

— Não teve desafio para ele?

— Imagina como seria trabalhar com ele? Não acho que ele queira fazer parte de uma equipe, tem dificuldade em seguir regras e alguém assim, neste momento, pode trazer outros problemas.

— Muito bem observado — disse Lucas. — O que você achou dos outros três?

— Para ser sincero, quando eu peguei o currículo do Joaquim, gostei bastante: um cara mais velho, formação parecida com a minha, pensei que ter alguém como eu na operação poderia ser interessante, eu poderia ter com quem contar...

— Mas? — Novamente Lucas sorria.

— Eu não acho que agora a operação precise disso também, afinal de contas, eu sou esse ponto de equilíbrio entre eles. O Rafael me parece uma escolha interessante, ele é determinado, parece ser ativo, pode trazer dinamismo e animação para os colegas.

— Qual o próximo passo agora?

— Vou dispensar o Patrick e chamar todos para uma última conversa, até para ver quais foram as suas conclusões, se é que chegaram a alguma.

Saí e pedi para que os três primeiros me aguardassem mais um pouco e pedi para que Patrick me acompanhasse.

— Estamos muito honrados com o seu interesse em compor o nosso quadro, mas no momento buscamos outro perfil de colaborador. Seu currículo ficará guardado em nosso banco de dados e você poderá ser selecionado para uma próxima oportunidade.

Depois que ele foi embora, fui buscar os outros candidatos. Estava ansioso para ver como eles pensaram em resolver o problema. Primeiro, veio o Vinícius.

— Bom, eu acho que o problema só será resolvido se você colocar parte do setor que pode atrasar para ajudar o setor que já está com problemas.

— Mas aí teríamos dois problemas, não acha? Deslocar colaboradores de setor, causar desvio de função e ainda atrapalhar a produtividade do setor que ainda está em pleno funcionamento.

— Foi a única saída que eu consegui achar.

Eu o agradeci e disse que entraríamos em contato em breve para dar a resposta sobre a vaga. Logo depois, foi a vez de Joaquim.

— E então, conseguiu pensar em alguma solução para o nosso problema?

— Na verdade, sim. Se um setor está atrasado e ainda colocando a produção de outra equipe em risco, isso indica que eles precisam de mais mão de obra, quem sabe até de algumas mudanças. Eu começaria verificando o foco do atraso, se fosse realmente falta de pessoal, alguns temporários poderiam resolver. Se fosse falta de pulso, talvez pegar mais pesado com o supervisor.

Eu observava e pensava que, em outro tempo, eu teria pensado a mesma coisa, mas não era a melhor alternativa! Estava ansioso pela resolução do último candidato.

— E então, Rafael, alguma solução?

— Eu fiquei pensando que se toda a empresa está passando por um processo de readequação, provavelmente o foco do problema não é nem essa operação, deve ter algo que trava o serviço deles, algo que seja realmente o gargalo. Nesse caso, eu procuraria investigar a raiz do problema, pois tapar apenas os buracos que vão surgindo resolve apenas por um tempo. Mas essa investigação precisa ser rápida, pois se qualquer setor parar, o prejuízo poderá ser muito alto. O primeiro passo seria sugerir ao supervisor da minha área que conversasse com a outra área e se alinhassem, informando os impactos e analisando as alternativas.

Talvez a resposta de Rafael não fosse exatamente o que eu esperava ou resolvesse o meu problema, mas estava no caminho certo e isso já foi o bastante. Eu já sabia quem contratar.

Ao final, chamei todos para a sala novamente e disse que entraria em contato no dia seguinte, precisava apenas ponderar algumas questões com o supervisor de RH, mas amanhã todos teriam uma resposta.

Lucas e eu fomos para a sala dele. A contratação do Rafael parecia a melhor opção no momento, mas de toda forma conversei com quem já tinha muito mais experiência que eu — e ele concordou, disse que o rapaz era articulado e parecia bastante proativo, características que fariam a diferença.

CAPÍTULO X: O LADO B DA LIDERANÇA

Cheguei à operação por volta das 11h e todos trabalhavam normalmente, mas decidi que precisava conversar com Celso, pois não queria perder o seu apoio e tampouco vê-lo desmotivado por coisas que nem eram verdade. Eu o chamei:

— Celso, gostaria de entender o que está acontecendo. Nós sempre nos respeitamos tanto, você é meu braço direito, cara! Por que fez aquele comentário ontem?

Ele me olhava atento, mas seu semblante estava diferente — ele parecia mais tranquilo.

— Cara, eu peço desculpas! Eu me deixei levar por comentários que ouvi por aí, mas depois eu parei para pensar melhor e vi que nada fazia sentido. Eu fui ríspido com você ontem e minha postura foi totalmente errada.

— Eu gostaria que sempre que você tiver algum problema ou escutar algo que o coloque em dúvida, venha conversar comigo. Sua atitude ontem criou uma situação constrangedora, que já foi esquecida, mas mesmo assim são situações como essa que minam o relacionamento das pessoas.

— Eu entendo perfeitamente e, se for me advertir, vou entender perfeitamente.

— Não, eu chamei você para conversar e entender o que está acontecendo, não para adverti-lo. Ficamos combinados dessa forma?

— Sim, claro que sim, conte sempre comigo.

Passei o restante do dia fazendo cálculos e respondendo aos *e-mails* das outras operações. Havia muitas dúvidas depois da reunião e, com as metas atualizadas, muitos supervisores começaram a se desesperar. Como Sandra e eu tínhamos mais proximidade, ela resolveu vir conversar comigo.

— André, preciso confessar que não esperava um aumento de 9% na produção! Eu ainda não sei como falar sobre isso com a minha equipe e até vi como você reformulou o seu planejamento, mas eu tenho minhas dúvidas se isso funcionará para mim.

— Você já tentou conversar com o Fábio? Ele vai saber orientá-la melhor, tenho certeza que juntos vocês conseguirão pensar em algo. — Eu tentei me esquivar, não achei que estava em posição de poder aconselhar alguém ainda.

— Você não sabe mesmo o que estão dizendo, não é? Depois do seu levantamento, todos nós estamos apreensivos, o Fábio anda uma fera com todos nós, ele não sabe como ninguém nunca percebeu a questão das metas antes.

— Ora, mas isso não é culpa minha. Pelo menos agora podemos fazer o certo e voltar a ter bons resultados.

— Claro, eu concordo com você, mas a minha operação também está defasada e não acho que ele vai liberar contratações. Vou conversar com ele sobre a efetivação de dois temporários e vamos ver o que ele falará.

— Quando é a sua reunião com ele? — perguntei, interessado.

— Hoje à tarde. Vim conversar para pensar em alguma solução e colher a sua assinatura; todos os supervisores precisam preencher este termo.

Assim que ela saiu, fiquei pensando se a minha autonomia havia repercutido negativamente, e confesso que fiquei um pouco aflito. Tudo o que eu desejava era ajudar, afinal de contas, melhorias sempre significam crescimento, novas oportunidades e, claro, a manutenção dos nossos empregos.

Lembrei que desde que essas descobertas começaram, quase não pude ler o arquivo do Bruno, pois estava tão envolvido com a minha operação e a nova contratação que começava a sentir que era possível começar a caminhar sozinho, mas mesmo assim fui procurar algo que me ajudasse a manter o foco. Abri o arquivo.

"Chegou um momento em que eu percebi que estava muito mais preocupado com os problemas operacionais do que com a minha equipe e, veja bem, ser líder é ter atenção a tudo o que compõe a operação. Quando nos dedicamos muito a apenas um lado, acabamos negligenciando o outro. Tudo precisa seguir certa harmonia."

Pensei sobre o que ele escreveu e senti que pelo menos neste momento eu mantinha a minha operação sob controle, entretanto, um novo integrante estava para chegar e eu precisava fazer uma integração eficaz para que ele agregasse à equipe e tivesse a mesma postura de todos.

Então, fui para a operação; lá pude observar com calma o modo como eles trabalhavam, vi que agora Celso controlava as máquinas que antes eram de minha responsabilidade e aproveitei para verificar as peças que estavam sendo produzidas.

Mesmo antes de me tornar supervisor, eu sentia orgulho do modo como trabalhávamos, sempre nos preocupamos em manter um serviço limpo e com qualidade, além de sermos próximos: geralmente, havia o futebol uma vez por mês, um churrasco eventualmente... eu decidi que verificaria a viabilidade desses encontros.

Ao final do expediente, fui para casa e encontrei minha esposa bastante agitada com os preparativos do aniversário do nosso filho, que seria sábado. As crianças estavam na natação e, quando fui buscá-los, aproveitei para comprar o presente do Luiz.

Nós jantamos e fui dormir; minha esposa ainda demoraria a se deitar. Acordei quando ela finalmente estava indo dormir, era perto da meia-noite. Ela estava exausta e eu me senti um pouco culpado por não a ajudar mais.

Na manhã seguinte, levei meus filhos para a escola enquanto minha esposa aproveitava para dormir um pouco mais. Quando cheguei à empresa, Lucas estava me esperando. Deveríamos ligar para o Rafael para darmos continuidade à sua contratação.

Logo que fizemos isso, fui para a minha reunião semanal com o Fábio — esperava que pudéssemos debater sobre as melhorias na operação, mas a conversa foi diferente.

— André, acho que agora temos um novo problema. Todas as metas estão reajustadas, mas parte dos meus supervisores não sabe como alcançá-las. O mês já está na metade e não quero acreditar que nenhum setor além do seu fechará no azul.

— Talvez seja o caso de não adequar as metas ainda, deixar para fazer isso no início do próximo mês. Eu não quero ser responsável pelo fracasso de outras pessoas.

— Absolutamente! Eu acho que o mais correto neste momento é marcar uma reunião com todos os supervisores, para que todos possam discutir a situação e prever as ações de curto prazo.

— Tudo bem! Acho que, se pensarmos juntos, conseguiremos chegar a alguma solução que seja viável para todos.

— Tenho certeza que sim. Já reservei a sala de reuniões para amanhã, já mandei uma mensagem para todos os outros. Sei que é sábado, mas o assunto é urgente e precisamos resolver isso o mais rápido possível.

— Amanhã eu não posso! É aniversário do meu filho, minha esposa já preparou tudo e é impossível deixá-la sozinha!

— Ora, nenhuma festa de criança começa de manhã. Podemos fazer isso somente até a hora do almoço, logo depois você estará liberado para curtir a festa do garoto.

Ele dizia isso enquanto batia nas minhas costas e eu não tive como dizer não, mas sabia que minha esposa não gostaria nada dessa ideia. Voltei para o setor pronto para me reunir com a equipe e comunicar sobre a contratação do Rafael, além de falar sobre o desempenho da semana. Quando falei sobre a contratação, surgiram muitas perguntas.

— Mais uma pessoa agora será muito bom para nos ajudar a dar conta do trabalho, mas quanto tempo ele demorará para se juntar a nós efetivamente? — Celso foi o primeiro a perguntar.

— Bom, ele passará pelo treinamento que dura uma semana, mas como estamos com uma grande demanda, vou trazê-lo para cá no final da semana que vem.

— E nós batemos as metas esta semana?

— Sim, esta semana trabalhamos muito bem, mesmo com aquele reajuste. Devemos manter o foco para continuar assim sempre.

Segui respondendo a algumas perguntas, mas logo a conversa acabou e voltei para a minha sala, estava ansioso para a reunião e preocupado com o pouco tempo para preparar algo mais elaborado — mas a pior parte seria ter de falar sobre isso com a minha esposa, tinha medo que ela não reagisse bem.

CAPÍTULO XI: O ANIVERSÁRIO

Preparei minha apresentação e, quando percebi, já estava na hora de ir embora. Passei para pegar uma *pizza* e fui para casa, pois sabia que a Aline estaria bastante atarefada.

Jantamos e, enquanto as crianças foram dormir, nós fomos terminar de arrumar os docinhos e os últimos detalhes da decoração. Só então tive coragem de contar a ela que trabalharia cedo na manhã seguinte.

— Amanhã é aniversário do seu filho e você vai mesmo para uma reunião? As coisas estão mudando muito por aqui, você não tem mais tempo para nós, passa tempo em casa, mas nem parece que está aqui... seus filhos sentem a sua falta.

— Eu sei, mas isso é só nesse primeiro momento. As coisas vão melhorar.

— Pode até ser, mas nós não vamos aguentar isso por muito tempo. Eu espero que esteja em casa amanhã antes das duas, ou, além de um problema comigo, você magoará o seu filho.

Eu senti o peso daquelas palavras, mas não podia cancelar. Prometi que estaria em casa e também prometi que voltaria a estar presente, pois sabia que trabalhar daquele jeito não faria bem para mim nem para o meu casamento.

Na manhã seguinte, fiz questão de dar um beijo no meu filho antes de sair e fui para a empresa. Quando encontrei os supervisores, todos estavam com as caras sérias, provavelmente detestando trabalhar no sábado.

Fomos para a sala de reuniões e Fábio começou a falar:

— Bom, recebi inúmeras reclamações sobre as dificuldades de vocês em se adaptarem às novas metas, dificuldades sobre planejamento e sobre todas essas mudanças. Então, o único jeito de resolver é discutindo e definindo ações de curto prazo.

Todos tinham sugestões e dúvidas, vários supervisores estavam notando as mudanças que ocorreram após a redefinição das metas de seus respectivos setores. A reunião funcionou bem, todos tiveram a oportunidade de falar e expor o que estavam prevendo. Foi importante para mim ouvir todas as ideias, inclusive as que eu julgava, ainda que internamente, como ineficazes.

O tempo passava rápido, mesmo com todo mundo fazendo muitas perguntas, a maioria delas muito óbvias — aquilo me deixava bastante irritado, eu tinha outro compromisso e, se atrasasse, teria sérios problemas em casa.

Eu terminei de falar e responder a todas as perguntas por volta do meio-dia, quando finalizamos a reunião e fui logo embora.

Quando cheguei a casa, meu filho me deu um abraço apertado e minha esposa sorriu; eles estavam felizes por eu ter chegado a tempo e eu estava feliz por não os desapontar.

A festa foi muito animada, muitas crianças correndo pela casa, minha esposa orgulhosa por ter conseguido organizar praticamente tudo sozinha e eu me esforçando para me manter animado, mas a verdade é que eu estava muito cansado.

No domingo, dormimos até mais tarde e saímos para almoçar, meus filhos estavam muito animados e minha esposa estava feliz, parecia até que eu tinha voltado para a época de antes de me tornar supervisor, sem grandes preocupações.

Quando voltamos para casa à tarde, todos foram descansar e eu fui para a sala ler alguns *e-mails* e trabalhar no planejamento das próximas semanas. Assim que abri minha caixa de entrada, havia pelo menos uma dezena de mensagens de alguns supervisores compartilhando as impressões sobre a reunião e alguns dos planos que ficaram combinados.

Era um trabalho árduo e não podia deixar de me lembrar das anotações do Bruno, de como assumir uma nova posição acabaria mudando a vida de várias maneiras, pois nem quando podemos, conseguimos parar de trabalhar — pelo menos no início.

Na manhã seguinte, procurei Fábio, falei sobre os *e-mails* e sobre direcionar os meus esforços para a minha equipe agora, principalmente com a chegada do novo funcionário. Ele, então, disse-me algo que eu não esperava escutar.

— André, sua decisão mostra o quanto você está evoluindo! Olhar para a sua equipe e para os problemas da sua operação sem querer abraçar o mundo com as mãos demonstra maturidade. Pode deixar que eu vou assumir as orientações agora, mas logo essa exasperação com os novos números passará e você verá que outros problemas vão surgir. Esse é o ciclo natural do funcionamento de uma empresa, mas saiba que todos ficamos muito felizes com a sua atuação nessas primeiras semanas.

— Agradeço imensamente seu reconhecimento. Vou voltar para a operação para receber o novo colaborador, apresentá-lo para a equipe e conversar um pouco sobre o trabalho. Depois, vou encaminhá-lo para o treinamento, quero que ele se sinta acolhido nesse momento.

Fábio apenas concordou. Eu tinha medo de que a minha atitude demonstrasse fraqueza, mas o trabalho precisava entrar nos eixos; além do mais, os comentários começavam a tomar força e eu queria evitar problemas desnecessários.

Enquanto caminhava para a operação, encontrei Lucas e Rafael. Ambos pareciam animados, era nítido que o rapaz estava ansioso — eu também estava bastante empolgado com esse começo, já que eu o havia selecionado, mas também estava bastante apreensivo, pois, se ele não desse certo, a culpa recairia sobre mim.

Este era mais um dos paradoxos da liderança: as glórias recaíam sobre mim, mas os problemas também e, além de solitário, este era um caminho muito complexo.

Afastei esses pensamentos e concentrei-me nesse grande dia: reuni a minha equipe e apresentei o Rafael, expliquei que queria que eles o acolhessem e como ele estava ali para somar forças.

Todos ficaram muito animados e voltaram rapidamente ao trabalho. Assim que encaminhei o novato para a primeira rodada de treinamentos operacionais, fui para a minha sala e respondi a alguns *e-mails;* estava ansioso para que o Rafael começasse de fato, pois analisando os relatórios da semana anterior, percebi que os resultados ainda estavam longe do esperado.

Resolvi passar o dia pela operação, algumas pessoas vinham conversar comigo em momentos oportunos e eu pude ver como cada um trabalhava e quem estava mais sobrecarregado.

Como às segundas ninguém folgava, a operação fluía um pouco melhor, mas os outros dias eram bastante intensos e era nítido o cansaço de todos eles. Eu sabia que tinha de motivá-los constantemente, mas apenas palavras poderiam não funcionar por muito tempo. Eu precisava encontrar uma nova maneira.

Voltei para a minha sala e fui consultar o arquivo do Bruno. Provavelmente algo ali me daria um direcionamento melhor. Segui lendo até que um ponto me chamou a atenção.

"As mudanças sempre vão acontecer, pode ser a troca de algum cargo de confiança, pode ser a troca de alguém da equipe, mas elas sempre acontecerão. Durante esse processo, é importante olhar para todos que enfrentam os percalços com você, principalmente se você os gerencia. Palavras funcionam por algum tempo, isso não posso negar, mas o efeito delas não dura para sempre; por isso, é preciso agir, mostrar para a sua equipe que você está ali por eles. Na minha experiência, errei muito tentando motivar a minha equipe, mas errei porque escolhi o caminho mais fácil: escolhia quem tinha os resultados melhores semana após semana e premiava com folgas, com algo de valor simbólico, mas, com o passar do tempo, esse tipo de incentivo foi gerando conflitos. Depois eu entendi que essa atitude não adiantaria se eu não mostrasse que estava ali lutando junto deles, botando a mão na massa sempre que fosse preciso."

Eu refletia e tudo aquilo fazia sentido, mas ainda não me ajudava. Eu buscava algo concreto, mas aquele compilado não era uma receita de bolo, eu lia apenas para conseguir pensar melhor e decidir o que fazer.

A semana seguia tranquila, mas na quinta-feira Fábio convocou uma reunião com alguns supervisores e eu estava entre eles. Todos estavam muito apreensivos, e Sandra me ligou.

— Você sabe sobre o que é essa reunião?

— Não, eu sei tanto quanto vocês. Espero que não seja nenhuma notícia ruim.

— Ouvi alguns comentários de que a empresa fechou um contrato grande, então provavelmente isso significa mais trabalho para nós.

Passei na operação para avisar que estaria em uma reunião, mas em caso de urgência era só pedir que alguém me chamasse, que eu viria assim que possível, e fui para a sala de reunião. Quando cheguei, pelo menos metade dos supervisores estava reunida, todos com um ponto de interrogação estampado na cara. Fábio começou a falar:

— Bom, gostaria de informar a todos que fechamos um grande contrato com uma empresa americana e a partir do próximo mês vamos passar a produzir peças de reposição para uma montadora internacional. Isso para nós é uma grande conquista, mas significa também que vamos trabalhar muito, na capacidade total!

Nesse momento, começaram os inúmeros questionamentos: ninguém sabia como trabalhar ainda mais, principalmente porque todos os setores estavam com o número de funcionários reduzido. Fábio seguia falando e tentava tranquilizar a todos.

— Eu entendo todos os questionamentos, mas vocês sabem como o mercado está retraído, e conseguir um contrato tão grande com uma empresa internacional significa que vamos passar por isso melhor que outras empresas do mesmo setor. Recentemente, reajustamos as nossas metas e eu refiz todos os cálculos pensando justamente nesse novo desafio, portanto, nenhum de vocês será extremamente sobrecarregado.

Todos nós respiramos um pouco aliviados e Sandra aproveitou a oportunidade para perguntar sobre algo muito importante.

— Fábio, como o trabalho vai aumentar, você vai liberar a contratação de mais funcionários, certo?

— Não exatamente, mas vamos efetivar alguns temporários em quase todos os setores. O setor do André, por exemplo, acabou de contratar alguém novo e, como o setor dele não tem temporários, vamos contratar mais alguém que já participou do processo seletivo.

Eu fiquei bastante animado, mas tinha dúvidas se conseguiria achar alguém bom o suficiente entre os três que ficaram de lado. Sandra ainda não estava satisfeita e seguiu questionando:

— Os temporários que serão efetivados vão receber o treinamento completo? Não é justo o colega contratar gente que vai ser muito bem treinada e o restante ter de ficar patinando com pessoas que não sabem fazer o trabalho corretamente.

Fábio voltou a falar — apesar de entender todos os questionamentos, ele não parecia confortável ali.

— Este é outro ponto importante: vamos efetivar todo mundo amanhã, portanto preciso de um relatório de vocês com as indicações, e essas pessoas serão retiradas da operação para passar pelo treinamento operacional completo, que dura sete dias — mas vamos tentar otimizar tudo para fazer em cinco, sem que existam perdas substanciais. Então, muitos de vocês trabalharão desfalcados durante algum tempo, o que significa redobrar os cuidados para que a produtividade não caia.

Os resmungos voltaram. Era realmente uma situação difícil e todos já estávamos trabalhando no limite, mas o que estava acontecendo também era muito bom e, se tivéssemos paciência, teríamos retornos muito positivos em um futuro não tão distante.

O fato é que todos nós estávamos apreensivos. Para mim, era tudo muito novo, mas por outro lado, eles já eram supervisores há mais tempo e eu não havia sofrido com as experiências negativas pelas quais eles provavelmente tinham passado.

Quando a reunião acabou, fui procurar Lucas. Gostaria de agilizar a contratação, mas para isso, revisaria todo o processo seletivo, pois embora tudo estivesse recente, eu ainda tinha dúvidas.

Depois de muito conversar, decidi contratar Joaquim — o peso da experiência dele poderia ser um diferencial tanto para aprender sua nova função quanto para nos ajudar nessa nova empreitada.

Na sexta-feira, trabalhamos normalmente, eu me reuni com a equipe para fazer um breve balanço da semana e decidi comunicar sobre a contratação do novo funcionário, mas optei por deixar o assunto do novo contrato somente para semana seguinte, assim teria tempo para estruturar um planejamento mais arrojado e também para pensar em algo para motivá-los.

Fui embora exausto, havia sido uma longa semana e eu quase não tinha dedicado tempo à minha família. Naquela noite, nós sairíamos para jantar e relaxar um pouco. Fomos a uma pizzaria e, para a minha surpresa, encontrei o Fábio, que também estava com a sua família.

Rapidamente apresentamos nossas esposas e filhos e ele teve a ideia de sentarmos juntos; eu não vi problemas, afinal, era uma oportunidade de estreitarmos os laços.

Foi uma noite agradável, minha esposa e Cláudia, esposa dele, se deram bem, ambas pedagogas, tinham bastante assunto em comum, e nossos filhos tinham idades muito próximas também.

Entretanto, em determinado momento da noite, notei que o assunto predominante era sobre o nosso trabalho e pude ver que, por mais que a Aline se esforçasse, ela já não estava feliz com aquele papo.

Quando fomos embora, ela realmente reclamou e eu não pude discordar.

— Era para ser uma noite só nossa, em família e você aceitou o convite para se juntar a outras pessoas sem nos consultar... — Ela estava realmente chateada.

— Desculpe, querida, mas eu não vi problema. Foi uma noite diferente, de qualquer forma, era esse o nosso plano.

Por fim, mudamos de assunto, as crianças estavam animadas por terem conhecido os filhos do Fábio, principalmente minha filha, que adorava brincar com outras meninas. No domingo, levantei-me cedo, estava determinado a adequar as metas para o restante do mês, além de preparar a inserção do Rafael na equipe — eu queria acompanhá-lo de perto, assim como também faria com Joaquim quando chegasse o momento. Eu não queria que eles se assustassem com o volume de trabalho e queria, também, que a equipe os acolhesse.

Quando minha esposa e filhos se levantaram, tomamos café da manhã juntos e passamos um domingo agradável, apesar de eu ainda estar com os pensamentos concentrados em todos os desafios que me aguardavam na próxima semana. Quando minha esposa disse que iria até a casa da minha sogra, aproveitei para consultar as anotações do Bruno.

"É importante saber aproveitar as oportunidades! O mercado está em constante mudança e, devido à instabilidade da economia, é sempre necessário trabalhar para aumentar o faturamento. Entretanto, de nada adianta manter o faturamento às custas de um trabalho com qualidade reduzida."

Esse trecho se encaixava perfeitamente no que eu estava passando: não queria sacrificar a minha equipe, mas queria muito aproveitar essa oportunidade, principalmente para mostrar que eu poderia gerenciar muito bem. Segui consultando aquele material por mais algumas horas, até que meus filhos e esposa voltaram. Percebi que meu filho passou chorando e fui até o quarto para ver o que estava acontecendo.

— O que foi, garotão? Por que você está chorando?

— Eu queria brincar.

— Mas você não brincou na casa da sua avó? Quem estava lá com você?

— Eu brinquei com meus primos, o tio também estava lá, ele brincou com a gente, mas eu queria brincar com você.

Naquele momento, eu entendi o motivo do choro: ele estava sentindo a minha falta — e provavelmente a minha filha também. Ali, eu me lembrei também do que o Bruno havia anotado: "não deixe que o trabalho atrapalhe a sua vida pessoal". Era exatamente isso que estava acontecendo.

Aquele dia já havia acabado e tudo o que pude fazer foi apenas colocar meu filho na cama, ler um pouco para ele e depois ler também para a minha filha; em seguida, fui me deitar. A segunda seria desafiadora e, por isso, eu cheguei bem cedo. Precisava me preparar muito bem.

Assim que o Joaquim chegou, eu o levei até a operação e contei a novidade. Vi que minha equipe respirou aliviada: duas pessoas completariam o nosso quadro e isso significava que todos ficariam menos sobrecarregados.

Aproveitei para falar também que o Rafael começaria a ficar mais tempo na operação, visto que a maior parte de seu treinamento já estava concluído. Coloquei-o para trabalhar junto de Ana, já que ela dominava muito bem todos os processos e tinha muita paciência para dar explicações.

Também falei o que essas contratações representavam, expliquei sobre o novo cliente e de como teríamos de trabalhar em conjunto para dar conta de cumprir todas as metas. Todos ouviam atentamente, questionando o que não entendiam muito bem, mas estavam aliviados por termos o quadro completo de agora em diante.

Segui trabalhando no planejamento do mês seguinte, considerando agora o que todos os supervisores haviam alinhado até o momento. Estávamos todos no mesmo barco e, por isso, foi sugerido que, se somássemos força, conseguiríamos estruturar uma força-tarefa, fazendo com que todas as operações trabalhassem em sintonia.

A ideia não era ruim, mas eu tinha medo de criar certa dependência e desencadear mais oportunidades de erro e insucesso, por isso disse que pensaria sobre essa possibilidade, mas não sem antes conversar com o Fábio.

Depois disso, voltei para a operação. Queria ver como Rafael estava se saindo. Eu o observei por algum tempo e o chamei para conversar na minha sala.

— E então, Rafael, o que você está achando do seu primeiro dia de operação?

— Eu estou gostando, o treinamento é bem completo, a Ana tem ótimas instruções, gostei muito da forma como ela me explicou... além de contar sobre o trabalho, também falou sobre o lance das metas.

— Fico feliz que tenha se sentido acolhido. Pretendo colocar você para trabalhar um pouco com cada um dos integrantes. Hoje de manhã, conversei com todos e nosso trabalho aumentará consideravelmente no próximo mês, por isso, preciso de todos alinhados e focados no resultado.

— Você pode contar comigo, chefe! Estou muito animado e feliz por estar aqui e quero fazer a diferença na empresa.

Assim que ele voltou para a operação, eu segui revendo alguns documentos, inclusive os novos, com os dados atualizados e a nova meta a partir do mês seguinte. Seguimos a semana como o planejado, a operação trabalhando a todo vapor, tudo caminhando em sintonia... eu estava conseguindo até me concentrar mais na minha família quando estava em casa.

Minha reunião com Fábio na sexta também foi bastante tranquila: apresentei um relatório inicial sobre o desempenho do Rafael e elogiei bastante tudo o que tinha observado até então. Conversamos ainda sobre as metas e apresentei a ele a ideia que tiveram os outros supervisores, de montarmos um plano de ação para que os setores trabalhassem de modo conjunto. Ele ouviu atentamente e fez as suas considerações:

— Eu gosto dessa ideia, mas fico preocupado se a iniciativa não atrapalhará o desempenho das demais operações. Veja bem, se algo der errado e por algum motivo algum setor atrasar demais, poderá comprometer mais que o normal toda a operação.

— Eu concordo.

— Desse modo, prefiro que vocês façam planos pensando na operação pela qual são responsáveis, mas conservem esse espírito de cooperação. Promovam essas trocas de ideias sempre que acharem necessário, porém mantenham sempre a sua autonomia, pensem no bem-estar da sua equipe e no compromisso com as metas.

— Eu, particularmente, concordo com tudo isso, mas não sei como negar esse pedido a eles. Temo que me achem muito individualista.

— Você precisa ser firme. Não está se negando a ajudar ninguém, mas fale sobre o que o levou a trabalhar pensando na sua linha de produção a princípio. Eu sei que você conseguirá resolver essa situação.

Fábio tinha razão, eu precisava pensar na minha operação. Ainda não era o momento de assumir outras responsabilidades, mesmo que em conjunto.

Naquela sexta, fui para casa com certa pressa. Todo o meu material de trabalho ficou na empresa e eu aproveitaria para ir para a praia com a minha família, mas até então não havíamos comunicado às crianças, pois caso algum imprevisto ocorresse, seria mais fácil não ter de lidar com as carinhas tristes deles.

Assim que cheguei, chamamos as crianças e falamos que viajaríamos. A felicidade deles e da minha esposa era o mais importante para mim, por isso só tomei um banho rápido e em uma hora estávamos na estrada.

Chegamos, fomos jantar, demos uma volta pela orla e seguimos para o apartamento. Todos estávamos muito cansados e amanhã o dia começaria cedo, visto que as crianças adoravam o mar.

Tivemos um final de semana tranquilo, tiramos muitas fotos, fizemos alguns passeios e eu tive momentos bastante divertidos ao lado deles, que são o meu porto seguro. Senti que tudo estava se ajeitando: a operação, caminhando bem; nossas metas, batidas; minha família, feliz; e eu, menos tenso. Voltamos para casa no domingo à noite e, na manhã seguinte, fui direto para a empresa. Seria o primeiro dia do Joaquim e eu precisava que tudo corresse bem.

Apresentei o novo funcionário a todos e fiz com ele o mesmo que fiz com Rafael: coloquei-o para acompanhar Ana no primeiro dia. O rapaz que havia entrado na semana anterior já havia concluído o treinamento e apresentou grande desempenho em tudo, além de ter se dado bem com todos os colegas de trabalho.

Não pude deixar de notar que ele tinha uma boa conduta, era agradável e as pessoas o ouviam, era preocupado com todos e, mesmo com pouco tempo de operação, já conseguia auxiliar todos os colegas, dominava todas as máquinas e cumpria o seu trabalho com maestria.

Ao final do dia, chamei Joaquim para conversar e, para a minha surpresa, sua percepção foi completamente diferente.

— Pô, chefe! Ter de lidar com mulher logo de cara? Ela acha que sabe tudo, fica me falando tudo, ensinando tudo. Quero aprender com um homem, não tem como trocar?

— Ana é uma das melhores funcionárias desta operação, trabalha aqui há muitos anos, está sempre procurando melhorar e é uma excelente pessoa para ensiná-lo sobre as particularidades do trabalho. Ela lhe faltou com respeito ou o fez sentir mal sobre alguma coisa?

— Não, mas sabe como é, receber ordem de mulher é complicado.

— Não, não sei como é! Ela o está ajudando e ensinando melhor sobre o trabalho e, se eu fosse você, aproveitaria essa oportunidade. Ela não está lhe dando ordens, aqui não temos esse perfil.

— Pode deixar, chefe!

— E o que você achou da operação até agora?

— O pessoal é meio lento, né? Achei essa garotada meio despreparada, mas vamos ver como vai funcionar nos próximos dias.

Aquela não era a resposta nem a postura que eu esperava. Na entrevista, ele mostrou ser uma pessoa proativa, que lidava bem com as diferenças, mas ali pareceu um pouco resistente.

Temi que isso virasse um conflito no futuro, mas como tudo era muito recente, resolvi não sofrer por antecipação. Ainda assim, ficaria atento ao comportamento dele ao longo dos dias.

Faltava apenas uma semana para o final do mês e as novas metas já haviam chegado, um aumento de 10% em relação ao mês atual. Isso me preocupava, mas tinha certeza de que, com o estímulo certo, conseguiria fazer com que todos se empenhassem ainda mais.

Resolvi ir até a operação de Sandra, ela tinha mais experiência e ver como ela agia me deixava sempre alerta. O aumento na meta dela era de 12%, um pouco superior ao meu, mas a situação da operação dela era bem diferente da minha: havia pelo menos três meses que ela não entregava os resultados esperados e estava receosa quanto ao aumento.

— Eu não sei o que fazer. Esse aumento é injusto, como vou atingir esses resultados?

— Você efetivou alguém?

— Sim, os dois melhores temporários foram efetivados, mas a minha equipe está desmotivada e eu não consigo reverter esse quadro. Parece que nada do que eu faço está bom para eles.

— Reúna-se com eles, ouça o que eles têm a dizer e logo tudo vai se ajeitar.

Conversamos ainda durante algum tempo e eu também falei sobre os dois funcionários novos e de como eles eram diferentes. Eu sentia que o comportamento do Joaquim ainda me daria problemas, mas eu precisava dar um voto de confiança a ele.

Passei o dia envolto em papelada, estudando o novo plano, estudando sobre o novo cliente e ainda buscando alguma orientação nas anotações do Bruno. O trabalho transcorreu sem problemas; Rafael já estava completamente adaptado, mas Joaquim ainda se mostrava um pouco menos ambientado — ele se dava muito bem com os homens, mas desprezava Ana e qualquer dica que ela dava.

Por fim, ela mesma chegou a mim para conversar.

— Eu queria saber se estou fazendo algo errado, André. O Joaquim me trata com uma indiferença absurda, nada do que eu falo ou sugiro ele considera, eu também já o vi fazendo piadas sobre eu ser a mulherzinha, a chefinha... isso é desrespeito.

Aquilo me pegou de surpresa, eu não imaginava que as coisas já estivessem nesse nível e, nesse momento, senti-me péssimo — definitivamente, este não era um problema que eu esperava. Aproveitei que a minha reunião com o Fábio estava se aproximando e resolvi passar o caso para ele.

Na manhã seguinte, fui para a reunião com um relatório e alguns números que me preocupavam: havia um material que estava acabando e não havia previsão para reposição.

— Vou entrar em contato com o fornecedor, mas não deixe que isso se torne rotina, ok? Os balanços servem para isso! Fique atento aos produtos, seus estoques e seu prazo de reposição.

— Sim, peço desculpas pela falta de atenção. A partir de agora, vou me concentrar nisso também. Há outro assunto que gostaria de tratar com você: estou com um problema que não sei como resolver sozinho.

— Pode falar, como posso ajudá-lo?

— Na minha operação, tenho apenas uma mulher, a Ana. Ela tem um desempenho excepcional e é meu braço direito.

— Marcos falava muito sobre ela, achava que ela queria sempre fazer mais que todo mundo, mas eu acompanhava os relatórios e via que as observações dele eram incompatíveis com os resultados.

— O colaborador novo, Joaquim, tem feito algumas piadas sobre ela. Quando ela veio me procurar, estava bastante chateada, sentindo-se humilhada e pensei que deveríamos fazer algo para valorizar as mulheres que trabalham na empresa, mostrar que aqui não existe preconceito em relação ao gênero.

— É uma ótima ideia. Você pode pensar em algo?

— Não, acho que essa iniciativa deve ser comandada por uma mulher, talvez a Sandra da operação 6. A equipe dela também é composta por várias mulheres e existem várias supervisoras aqui.

— Vou conversar com a Sandra sobre essa ideia e pedir a ajuda dela, mas, a princípio, acredito que você deva tomar alguma medida mais efetiva em relação ao seu funcionário. O que acha?

— Vou chamá-lo para conversar!

— Apenas conversar não vai adiantar. Aplique uma advertência. Existem alguns comportamentos que são passíveis de sanções e você deve se habituar a isso.

Conversamos por mais algum tempo e a ideia de ter de adverti-lo formalmente me deixava de cabeça quente. Eu não queria ser esse líder carrasco, mas precisava concordar com Fábio: algumas condutas mereciam punição.

Eu queria tanto conversar com alguém que já tivesse passado por essa situação... foi nesse momento que me lembrei do arquivo do Bruno — ele deveria ter algo anotado sobre uma situação parecida! Voltei para o meu escritório.

Enquanto lia, tentava encontrar algum caso similar e encontrei algo que podia ser aplicado ao contexto.

"Prepare-se para lidar com funcionários difíceis. Eles tentam desafiar a sua autoridade, tentam criar pequenas situações que desestabilizam todos os outros e, se você não os controlar, colocará em risco toda a harmonia e o bom andamento do trabalho. Eu tinha um subordinado que fazia piadas com todos, mas não eram piadas inocentes, coisas que contamos para divertir os outros; ele usava o "humor" para fazer comentários agressivos, que humilhavam os colegas. Eu relevei essas situações algumas vezes, até que as reclamações foram se tornando cada vez mais frequentes e chegou a um ponto em que eu não podia mais ignorar. Eu o chamei, conversei e expliquei que posturas como essa não eram toleradas. Ele prometeu melhorar, mas como você já pode imaginar, não mudou nada. Depois de alguns dias e com novas reclamações, eu o chamei novamente e o adverti, dessa vez formalmente, com uma advertência que agora integraria o seu histórico naquela empresa. Em outro momento, ele recebeu uma sanção ainda pior, que foi o afastamento não remunerado durante três dias, e depois de uma série de piadas que feriram pessoas pontuais, o caso tomou proporções muito maiores e ele acabou sendo demitido."

Ler aquilo deixou-me bastante apreensivo. Eu não queria que as coisas chegassem àquele ponto, mas comportamentos sexistas não podiam ser tolerados. Depois de alguns dias, Ana procurou-me novamente para relatar novas piadas que eram dirigidas a ela, com a participação, inclusive, de muitos colegas que sempre a respeitaram. Diante desses fatos, chamei-o para conversar.

— Tenho recebido algumas reclamações sobre o seu tratamento com alguns de seus colegas, mas parte do seu treinamento era sobre o bom relacionamento com eles e o comportamento ético, certo?

— Sim, senhor!

— E você acha que fazer piadas que ferem o sentimento alheio faz parte de um comportamento ético?

— Isso é coisa da Ana, não é? Ela leva tudo para o lado pessoal, mas é coisa de mulher, elas não aguentam ouvir a verdade.

— Eu não posso permitir esse tipo de comentário, é desrespeitoso.

— O que é isso, chefe? Eu só estou dizendo que ela se dói por qualquer coisinha e, além do mais, o chefe aqui é você. Não vou aceitar ordem dela.

— Veja bem, ela tem mais experiência que você, provavelmente se ela fala alguma coisa, é porque está vendo uma oportunidade de melhora.

— Se nem você, que é o chefe, fala nada, ela não tem que se meter. E eu tenho experiência suficiente, não preciso de ajuda, principalmente quando não peço.

Ouvir aquilo despertou em mim um sentimento de culpa. Será que eu não estava dando a devida atenção à minha equipe? Decidi que não pensaria nisso e focaria o que precisava ser resolvido imediatamente.

— Joaquim, eu estou chamando você para conversar e explicar que sua postura precisa mudar. Você não precisa gostar das pessoas, mas precisa respeitá-las. Se houver uma próxima vez, terei de tomar outras medidas, tudo bem?

Ele apenas concordou com a cabeça, mas algo me dizia que esse problema estava longe de acabar. Os dias foram seguindo e Sandra me procurou para falar sobre a minha ideia, pedindo para que eu cedesse Ana para falar um pouco sobre as suas experiências e principais desafios de ser uma mulher em um ambiente majoritariamente masculino. Contou-me também que muitas profissionais de outras áreas tinham gostado muito da ideia e estavam animadas preparando algo bacana para compartilhar com todos.

Com parte desse problema encaminhado, voltei a observar a operação. O suprimento para a máquina ainda não havia chegado, o mês já tinha virado e já começávamos a trabalhar com novos indicadores. Se houvesse o menor dos problemas, corríamos o risco de não conseguir bater as metas e, por isso, eu mesmo encaminhei um *e-mail* para o fornecedor, colocando o Fábio em cópia.

Também decidi fazer algumas mudanças quanto à posição de alguns funcionários. Percebi que Rafael e Ana trabalhavam melhor juntos, então o coloquei como ponto de apoio para ela e o Joaquim agora desempenharia a função que era do rapaz.

Celso e Mateus, que também eram meus braços direito, vieram questionar se essas mudanças operacionais eram algum tipo de teste para promoções futuras, mas eu fiz questão de tranquilizá-los.

Durante esse período, tive de encarar a operação junto deles, botar a mão na massa em diversos momentos e até fazer hora extra; mesmo com a equipe completa, ainda estava difícil fechar o planejamento semanal, o que logo se converteu em um problema.

Em uma das reuniões com Fábio, ele me deu um relatório com o banco de horas de todos os funcionários, alguns deles com horas extras suficientes para ficar até 15 dias em casa — eu mesmo estava entre eles, ainda que meu horário fosse mais flexível que o dos demais.

Nesse momento, veio o choque: eu precisaria dar mais folgas para eles, deixando alguns funcionários por até três dias em casa; ou seja, consertei um problema e arrumei outro.

— Fábio, neste momento é impossível tocar a operação com todas essas folgas.

— Nós não temos como pagar todas essas horas para eles e não podemos deixar o banco acumular, então a única saída é ir rodando as folgas.

Eu começava a sentir que todo o entusiasmo que o gerente sentia por mim e pelo meu trabalho havia passado e isso me deixava com ainda mais medo de errar e perder o apoio dele.

— Tudo bem, vou organizar isso e vou me atentar às horas extras.

— A partir de hoje elas estão proibidas. Caso seja muito necessário, você deve vir pedir a minha autorização.

— Entendido, vou fazer tudo da melhor forma possível!

Saí apreensivo da sala, encontrei Lucas no corredor e ele também me explicou sobre o banco de horas e por que era importante que eu o zerasse na minha equipe.

Foi a primeira vez que eu senti que estava, de fato, errado. Tentava comparar a gestão de Marcos com a minha — sim, eu sei que isso não é correto, mas em alguns momentos é inevitável. Quando eu pensava nele, não conseguia me lembrar de trabalhar até mais tarde; muito pelo contrário, sempre saíamos no horário.

Mas eu tinha a meu favor o fato de que as metas estavam erradas e, embora trabalhássemos cumprindo um horário rigoroso, a operação não ia nada bem. Pelo menos agora ela dava claros sinais de recuperação e voltava a ser destaque entre os demais setores.

Voltei para a minha sala e planejei uma escala de folgas. Todos teriam de folgar pelo menos um dia a mais por semana, mas teria de escalonar, caso contrário, teríamos problemas com a produção defasada. Novamente recorri às anotações do Bruno, mas pela primeira vez percebi que aquele "manual" não continha todas as respostas de que eu precisava, ou talvez eu não o estivesse usando para os assuntos certos.

CAPÍTULO XII: RESSACA DE PRODUTIVIDADE

A PRIMEIRA PESSOA A FOLGAR SERIA ANA, ela merecia e eu sabia também o quanto ela estava cansada; logo depois, seriam Celso e Mateus. Os novatos não entrariam no rodízio dessa vez, estavam apenas começando, sem horas extras e seriam importantes para equilibrar a linha de produção enquanto os outros estivessem de folga.

Comuniquei a todos sobre a nossa escala de folgas, sobretudo Rafael e Joaquim, visto que eles manteriam seu trabalho normalmente. O primeiro estava tranquilo e já esperava cobrir as folgas dos outros, mas Joaquim fez alguns comentários demonstrando incômodo.

A semana seguinte começou com certa tranquilidade, as metas de produção foram batidas na semana anterior, o que era um bom sinal, pois não indicava déficit a ser compensado. Com Ana já de folga, fiquei na linha de produção boa parte do dia, pois queria estar presente caso houvesse qualquer imprevisto.

Foi um bom momento para observar o desempenho de todos: Celso e Mateus eram muito ágeis e concentrados, mantinham uma postura impecável; Raul, apesar de ser brincalhão e incitar os companheiros durante as reuniões, também era bom funcionário.

Não pude deixar de notar que Rafael já se apresentava como uma forte liderança, mesmo com tão pouco tempo de trabalho. Vi que os outros o consultavam sempre que dúvidas surgiam e mesmo os mais antigos iam até ele para discutir alguma instrução.

Em contrapartida, notei também que Joaquim era muito comprometido apenas com o seu trabalho, não havia nele um senso de coletividade, e acredito que por esse motivo ele estava mais isolado. Talvez esse problema se resolvesse com o tempo, mas algo nele e no seu trabalho me acendeu um alerta.

Mas mesmo com essa tranquilidade aparente, os problemas foram surgindo à medida que a semana foi avançando. Mesmo preparados e com duas pessoas servindo como apoio operacional, a meta do nosso setor havia aumentado, principalmente depois do novo contrato. Na quinta-feira de manhã, recebi o relatório gerencial e percebi o enorme problema que se anunciava: a produtividade estava em queda, teve força total na segunda, 90% na terça e, na quarta, o índice havia sido de apenas 75%.

Meu primeiro sentimento foi de culpa. De certa forma, aquilo também era consequência da minha inexperiência com essas situações. Resolvi ligar para Sandra, sondar como as coisas estavam por lá, pois a situação da operação dela era mais ou menos parecida com a minha, e também pedir dicas.

Nossa conversa durou aproximadamente meia hora e, embora sua produtividade também tivesse caído, seus indicadores estavam muito melhores que os meus, mas algo que ela me disse me chamou a atenção.

— Veja bem, mesmo com uma pessoa de folga, você ainda está trabalhando com a capacidade total, logo, não é um problema de organização, e sim dos seus funcionários, que podem estar com algum problema, não acha?

— Você tem razão, eles estão trabalhando a toda capacidade há algum tempo, podem estar cansados. Mas como reverter isso?

— Só você poderá descobrir.

Desliguei logo em seguida. Estava preocupado, pois embora os resultados estivessem muito melhores, os sinais de ressaca de produtividade começavam a surgir. Tudo o que eu desejava naquele momento era ter alguém para conversar sobre isso, mas novamente voltei a consultar o arquivo que já tinha me salvado tantas vezes — e algo me chamou atenção.

"É muito importante estarmos preparados para momentos de crise. Todos falam sobre crise financeira, mas quase ninguém pensa muito sobre as crises de produtividade. Isso acontece quando a equipe está desmotivada e pode acontecer por inúmeros fatores, além dos indicadores de produtividade. Pode ser por falta de comprometimento da equipe, o que vai gerar problemas nos indicadores, por causa de conflitos internos ou externos ou ainda em decorrência de problemas na empresa. Na segunda empresa em que trabalhei, passamos por um período muito complicado, pois lidar com a pressão da produtividade é muito difícil e em longo prazo vai esgotando a todos, não só os funcionários que estão na linha de produção. E como resolver isso? Primeiro, é importante identificar a origem desse problema, já que criar soluções fáceis apenas vai remediar a situação. Não existe uma fórmula. No meu caso, eu sabia que os problemas aconteciam por causa de um pequeno grupo de pessoas da equipe que não estava comprometido e contaminava a todos os outros com pequenas palavras, ações e coisas do tipo. Por algum tempo, tentei me aproximar desses funcionários, lembrá-los sobre o que os levou a trabalhar na empresa e entender quais eram as suas reinvindicações. Entretanto, essas medidas tiveram apenas efeito placebo, ao longo do tempo não funcionavam mais, visto que, se algo voltasse a desagradá-los, os comentários e as picuinhas recomeçariam e a produtividade voltaria a ser afetada. Eu relato tudo isso para mostrar alguns pontos:

> É importante identificar o motivo antes de qualquer ação;
>
> É imprescindível saber que os funcionários sem comprometimento e desmotivados podem contaminar todos os outros, mesmo que eles estejam em menor número;
>
> Por mais que só um pequeno grupo esteja desmotivado, o trabalho deve ser feito com todos os membros da equipe e de maneira contínua.

Quando eu identifiquei o que estava acontecendo, tomei uma atitude, chamei um a um para conversar, procurando encontrar um ponto de equilíbrio entre as necessidades de todos para implementar como ponto de motivação. Veja bem, não estou falando de recompensas, pois isso criaria outros problemas, mas de encontrar o meio-termo entre o que precisamos e o que podemos fazer. Do grupo que eu identifiquei como desmotivados, três concordaram em mudar e realmente adotaram uma nova postura, já outros dois foram demitidos, pois, além de não produzirem, também não demonstravam respeito pelos colegas nem pelos cargos de chefia."

Eu li e reli as anotações do Bruno e muitos apontamentos ali faziam sentido; agora, precisava trabalhar para identificar o problema, mas enquanto fazia isso não podia deixar de cobrar a todos sobre a produtividade, mostrando inclusive como estávamos caindo ao longo dos dias.

Firmamos um compromisso de reverter o quadro, tentando recuperar o desempenho pelo menos nos próximos dias e manter o mesmo foco na semana seguinte; ainda havia poucas folgas a serem tiradas e tudo indicava que o ritmo voltaria ao normal.

A minha reunião semanal com o Fábio seria no dia seguinte e certamente este seria um dos pontos de atenção, então tentei organizar um bom relatório mostrando que, apesar de tudo, não haveria atrasos nem comprometeríamos os demais setores. Quando fui para casa à noite, brinquei um pouco com os meus filhos e depois que os coloquei na cama conversei com a minha esposa sobre o que estava acontecendo na operação.

— Eu acho que até você está desgastado com tudo o que tem acontecido, tem trabalhado muito desde que foi promovido. Quando vai tirar férias?

— Provavelmente só no próximo ano, querida. Eu sinto que preciso deixar tudo muito organizado antes de pensar em me ausentar.

Acordei cedo e me arrumei, separei todos os relatórios que queria levar e segui para a empresa. A reunião foi menos assustadora do que o esperado. Fábio parecia estar ciente de que esses impactos na produtividade poderiam aparecer e, desde que não se estendessem por muito tempo, seriam aceitáveis.

O dia parecia que terminaria bem, até que Joaquim me chamou e pediu para conversar. Dirigimo-nos para a minha sala, ele estava bastante apreensivo e eu fiquei preocupado:

— Chefe, eu preciso de um favor.

— Pode falar, espero poder ajudá-lo.

— Eu preciso de uns dias de folga, tenho uma viagem programada com a minha família... já estava programada antes de começar a trabalhar aqui e não tenho como desmarcar.

— Nossa, isso me pegou de surpresa e infelizmente não posso ajudá-lo. Como você sabe, ainda vamos rodar as folgas referentes ao banco de horas por uma semana e eu conto com você e o Rafael para ajudarem os outros. E outra coisa... mais de um dia na semana é muito, mesmo em uma situação comum seria muito inviável, pois, ao ajudar você, eu estaria sobrecarregando os outros, não acha?

— Pô, chefe, eu achei que você daria um jeitinho! Sabe como é, você também tem família e deve entender a minha necessidade. Eu aposto que os outros caras conseguiriam segurar as pontas, podemos falar que eu estou doente ou algo do tipo.

— Joaquim, aqui nesta operação eu não trabalho com mentiras. Não vou lhe dar folga porque não há a menor possibilidade neste momento e também porque não seria justo com os demais.

— Eu sei, chefe, mas também não consigo desmarcar e, se você não me der folga, eu vou faltar.

— Eu espero que você não faça isso; caso contrário, você sofrerá as consequências dessa atitude. Eu posso ajudá-lo com mais alguma coisa?

— Não, chefe, você não me ajudou em nada e eu achei que, por termos quase a mesma idade, você conseguiria entender a minha necessidade.

Assim que ele saiu, soube que tinha um problema. Além de indisciplinado, ele colocaria toda a produtividade da operação em risco e, se ele realmente faltasse, eu teria de suspender a folga de alguém. Pensei em colocar todos de sobreaviso, mas também queria dar um voto de confiança a ele — quem sabe ele desistiria de faltar sabendo que prejudicaria a todos?

No sábado de manhã, fomos à apresentação de balé da Sophia e passamos o restante do final de semana em família. Aproveitamos o tempo juntos, brinquei com as crianças e minha esposa e eu estávamos felizes, relaxando, curtindo a nossa companhia e os nossos filhos.

No domingo à noite, eu apenas separei as coisas que levaria para o trabalho no dia seguinte e fui me deitar. No fundo, sabia que seria uma semana desafiadora. Joaquim faltando ou não, precisaríamos intensificar a produção, durante a semana teria de fazer os relatórios de desempenho da equipe, haveria uma reunião com os outros supervisores para avaliarmos algumas das metas de curto prazo que definimos antes e ainda pensar em novas soluções...

Todos os funcionários chegaram pontualmente às 7h30, exceto o Joaquim, que, como já era esperado, deveria ter viajado. Perguntei aos colegas se eles sabiam dele e ninguém soube responder nada concreto — ele contou histórias diferentes ao longo de toda a semana, como se estivesse preparando o terreno.

Quando fui para o escritório, liguei para ele e não houve resposta, o telefone foi direto para a caixa postal; diante daquela situação, achei que o correto a fazer era comunicar o Lucas, supervisor de RH, para que ele pudesse tomar as medidas cabíveis.

Esta era uma situação nova, nem na época do Marcos vi algo do tipo acontecer; a equipe da qual fazia parte e que hoje era gerenciada por mim sempre manteve uma postura muito correta, as faltas só aconteciam em caso de extrema necessidade.

Quando voltei para a linha de produção, conversei com todos sobre a ausência de Joaquim, informando que, apesar do desfalque, seria impossível suspender o calendário especial de folgas. Houve algumas reclamações, mas, para minha surpresa, Rafael pediu licença para falar:

— Pessoal, qual é?! Ele é um só, mas nós somos 12. Pode até ser apertado, mas nós vamos conseguir, não é? Chefe, pode contar com a gente, nós vamos manter a produtividade a toda.

Eu observava a todos naquele momento, todos concordando animados enquanto conversavam. Aproveitei para dar o recado final.

— Fico muito feliz que estejam tão empenhados! Saibam que tudo isso está sendo reconhecido, inclusive, na semana passada, eu disse que nossos indicadores de produtividade tinha caído na terça e quarta, mas eles melhoraram e voltaram com tudo na sexta! Quero que a gente mantenha esse espírito de equipe e colaboração, isso é muito importante para mim e demonstra que estamos no caminho certo como um time.

Voltei para a minha sala. O planejamento semanal já estava concluído, então eu poderia me concentrar nas avaliações de cada colaborador. Passei boa parte da manhã envolvido nisso e, no início da tarde, fui para a reunião com os outros supervisores.

CAPÍTULO XIII: OS OUTROS SUPERVISORES

A EMPRESA ERA MUITO GRANDE, éramos uma indústria renomada e tínhamos clientes muito importantes, o que nos colocava em um lugar de destaque no nosso setor. Desde que assumi a supervisão, passei a ver algumas situações de modo diferente, pois, enquanto eu estava diretamente na linha de produção, a visão era limitada e, por mais que eu buscasse me envolver e me comprometer com o meu trabalho, ainda assim era diferente.

Quando eu "mudei de lado" — como algumas pessoas costumam dizer —, é que eu tive a real dimensão de como aquele trabalho era grandioso e da minha responsabilidade. Felizmente eu não tinha grandes problemas no meu setor e hoje estava bastante animado para ouvir as experiências de outros supervisores.

Fábio convocou essa reunião para que pudéssemos discutir sobre o planejamento de curto prazo que traçamos assim que as metas operacionais foram revistas; veríamos se funcionou ou não e como tocaríamos as coisas dali em diante.

Todos já estavam na sala de reuniões, inclusive Lucas. Ele foi o primeiro a falar, explicando sobre os desafios de manter uma empresa tão grande em funcionamento, sobre os colaboradores e suas necessidades e todos os desafios que enfrentaríamos.

Por um momento, achei que ele comentaria sobre o Joaquim — não que fosse um segredo, mas eu realmente me sentiria desconfortável, tinha medo de que parecesse um sinal de fraqueza, pois se eu não consigo "controlar" um funcionário, como poderia ter um bom desempenho no restante do trabalho?

Os supervisores com mais tempo de trabalho falaram em seguida: o planejamento de curto prazo havia funcionado muito bem, as metas operacionais foram ajustadas e, com o aumento do quadro de funcionários na maioria dos setores, tudo ia de vento em popa.

Roberto era o supervisor mais antigo entre nós, supervisionava a equipe de exportação e sempre tinha bons resultados. Mesmo com a readequação, ele ainda mantinha o seu setor motivado e em pleno funcionamento. Entre os seus ensinamentos, ele falou sobre a necessidade de oferecer treinamento constante, uma vez que entendia que a reciclagem era fundamental para manter o funcionário trabalhando da melhor maneira possível.

Ele ainda relatou que só era um bom líder porque aprendera a ouvir seus colaboradores e a fazer o que era melhor para todos, privilegiando o bom funcionamento do setor e a harmonia.

O próprio Fábio deu sua contribuição, pois, apesar de hoje ser gerente, foi supervisor durante muitos anos. Ele disse que os desafios vão sempre mudando e o importante é construir as nossas experiências, observando erros e acertos.

Alguns também reclamaram sobre a questão das horas extras: em algumas operações, o esquema de rodízio de folgas não teve sucesso, causando uma falha na produção. Foram disponibilizados alguns relatórios com os registros dos indicadores de produtividade de todos os setores e fiquei muito feliz quando vi que a equipe de Sandra estava muito bem, melhor que a minha, inclusive.

Discutimos ainda sobre quais eram os próximos passos para o futuro, pois precisávamos pensar em como manter o ritmo da produção. Algumas funcionárias também falaram sobre o andamento do evento que estavam organizando sobre a participação feminina na empresa e mais alguns pontos que precisavam de atenção.

Saí com a cabeça a mil; agora, além das conhecidas metas, precisaria lidar com o desfalque na equipe durante a semana, mas foi uma tarde muito importante, visto que eu ouvi muito mais do que falei e certamente aprendi muitas lições e até mesmo consegui pensar em algumas maneiras de estimular a minha equipe.

Quando voltei à operação, todos já haviam ido embora. Finalizei algumas pendências e depois saí, aproveitei que ainda não era tão tarde e resolvi passar no parque para dar uma corrida, hábito que fui perdendo com tantas mudanças. Correr sempre me ajudou a pensar.

Em casa, tudo estava bem. Jantamos e ainda tive tempo para curtir o momento em família como nos velhos tempos, antes de tantas transformações. Quando cheguei à empresa no dia seguinte, fui recebido pelo Lucas, que parecia um pouco impaciente.

— Joaquim deu notícias, disse que está doente e que provavelmente não virá esta semana. Ele ligou ontem, enquanto estávamos na reunião. Vamos aguardar, pois, caso ele apresente algum documento falso para justificar as faltas, nós teremos de demiti-lo.

— Mas você acha que eu poderei substituí-lo?

— Provavelmente sim, a substituição não acarretará grandes custos por estar em período de experiência. Você já fez o relatório sobre ele? Gostaria das avaliações de todos os seus funcionários prontas até quarta-feira. Você está começando agora e, se eu puder lhe dar uma dica, é: mantenha sempre um registro das ocorrências dos colaboradores da sua equipe. Isso sempre vai ajudá-lo em uma tomada de decisão e também servirá para justificar possíveis demissões ou promoções.

— Lucas, ele está viajando. Acho muito difícil que ele volte logo.

— Bom, então você já sabe o destino dele. Já comece a preparar o espírito da sua equipe, pois vamos sofrer nova baixa.

Era tudo o que eu não queria escutar no momento, mas levando em consideração até a forma como ele se portava, talvez fosse melhor, já que assim ele não causaria ainda mais problemas.

Passei na operação e vi que todos estavam bem, trabalhando corretamente e sem precisar da minha ajuda. Conversei rapidamente sobre as metas do dia e avisei que estaria em minha sala; caso precisassem, era só me chamar.

Dediquei-me às avaliações durante toda manhã. Essa parte burocrática do cargo consome bastante tempo e não temos a menor noção disso quando estamos do outro lado. Logo depois do almoço, voltei à linha de produção, as máquinas estavam a todo vapor e pude observar todos concentrados enquanto Celso e Rafael contavam as peças produzidas durante o dia.

Quando me viram, fizeram um aceno com a cabeça e continuaram o trabalho, o que de certa forma me tranquilizou, pois tinha o funcionário mais antigo e o mais novo desenvolvendo uma parceria.

Com o tempo, os desafios iniciais já haviam sido superados, mas outros iam surgindo — era o curso natural. Depois de tudo que passei, fui surpreendido por uma ligação de Sandra, pedindo que eu fosse até o seu setor o mais rápido possível. Logo que cheguei, eu a encontrei comemorando, pois acabara de ser promovida para supervisora da operação de Roberto, que assumiria um novo cargo em uma de nossas filiais, fora do Estado.

— Nossa, eu estou muito feliz por você! Parabéns, mesmo!

— Cara, eu quase não acredito! Realmente não esperava essa promoção agora, mas sinto que não ter desmoronado diante de todas as mudanças ajudou-me a ser bem vista para o cargo!

— Eu tenho certeza disso, é um reconhecimento do seu trabalho. Mas você já sabe quem vai assumir o seu lugar?

— Ainda não, mas o Fábio deu a entender que pode promover alguém de qualquer operação, não necessariamente da minha. Aqui, nós tínhamos muitos temporários, não sei como vai funcionar. De qualquer maneira, eu só vou assumir o novo cargo no próximo mês, provavelmente essas coisas serão resolvidas aos poucos.

Saí dessa conversa pensando que era muito importante ter pessoas preparadas em todas as equipes para situações como essa, para que ninguém se sentisse despreparado quando a oportunidade chegasse.

Na quarta de manhã, cheguei antes de todos e os esperei na linha de produção. Não queria perder tempo com deslocamento e era importante parabenizá-los pela produtividade estar muito boa, mesmo com as folgas e a falta de Joaquim.

Logo depois, fui para a minha sala e aproveitei para compartilhar com Lucas todos os registros que eu estava fazendo da equipe. Procurei ressaltar as características mais importantes de cada um, tanto as positivas quanto as negativas.

O que eu mais aprendi durante esse período é que precisava equilibrar as três vertentes de um cargo de liderança, que são: saber gerenciar os resultados, liderar as pessoas de modo que elas entendam que eu não sou uma figura decorativa ou inacessível e, ainda, desenvolver a minha equipe.

Pensar sobre tudo isso o tempo todo era bastante exaustivo, pois, ao contrário do senso comum de quem está de fora, constituir-se enquanto líder é um processo; algumas pessoas podem até ter mais facilidade para liderar, mas ninguém nasce sabendo e todos estão sujeitos a erros e acertos.

Os relatórios dos resultados estavam dentro do esperado e não havia grandes novidades para a reunião de sexta, mas me preparei da melhor forma possível, procurando destacar todos os pontos bons.

Quando chegou o dia, percebi Fábio com uma cara pouco amigável. Ele estava menos receptivo que nas outras semanas. Logo depois que eu entrei, Lucas entrou atrás.

— André, Lucas conversou comigo sobre um problema que você está enfrentando, mas gostaria que você me explicasse melhor essa situação.

Contei novamente o problema que estava enfrentando com Joaquim, inclusive falei sobre o episódio com a Ana, a forma como ele se mostrava resistente, seu comunicado sobre a viagem e a tentativa de mentir para poder fazer tudo funcionar. Fábio ouviu tudo atentamente.

— Certo, provavelmente ele voltará na segunda e você pode encaminhá-lo diretamente para o RH e me ligar. Você deve conversar com ele, e se ele apresentar algo diferente de um atestado, será demitido. Pessoas como ele estão acostumadas a ter esse comportamento, é algo natural entre aquelas que não estão comprometidas e, se deixarmos que isso apenas passe com uma simples advertência, você pode ter certeza de que se tornará recorrente.

— Eu concordo, eu o orientei muito bem e expliquei os motivos de não poder dar folga para ele durante tanto tempo, sobretudo porque ele estava começando agora na empresa.

— Eu gostaria de ser comunicado em situações como estas, certo? Nem sempre vou intervir, mas acho importante estar atento e nossas reuniões semanais servem para discutir esse tipo de problema também. Como foi a produtividade de sua equipe nesta semana? O banco de horas está zerado, eu olhei ontem à tarde.

Apresentei o relatório de produtividade, inclusive com o comparativo do último mês, e tudo seguia dentro do planejado. Fábio apenas olhou e não fez nenhum apontamento, mas sua expressão ainda era séria e, quando eu me dei conta da presença do Lucas novamente, eu imaginei que seria desligado naquele momento.

— Bom, André, eu notei que você e a Sandra são bem próximos, certo?

— Sim, nós trocamos experiências várias vezes. Aliás, ela tem bem mais experiência que eu, mas às vezes duas cabeças pensam melhor que uma.

— Então, provavelmente você já deve saber que ela foi promovida, assumirá a operação do Roberto dentro de um mês, e ele irá para outra filial.

Eu apenas acenei que sim.

— Nós observamos o seu trabalho durante esse tempo, pudemos ver o seu empenho, as descobertas logo no início e seu jogo de cintura para liderar seu time, por isso, nós resolvemos efetivá-lo como supervisor. Mas há uma contrapartida... nós queremos que você assuma a operação da Sandra, que tem o dobro de funcionários da sua, e prepare alguém do seu setor para ficar no seu lugar.

Confesso que aquela proposta me pegou de surpresa por vários motivos: primeiro, por não imaginar outra oportunidade em tão pouco tempo; segundo, por ter de assumir a responsabilidade de preparar alguém. Quase recusei, mas no fundo lembrei-me das palavras do Bruno no início de nossas conversas, que os desafios vão mudando conforme o tempo vai passando.

— Fábio, você tem certeza de que eu estou pronto para isso? Eu assumi a operação há pouco tempo e agora eu sinto que peguei o jeito, mas mesmo assim tenho um longo caminho a percorrer.

Dessa vez, foi Lucas quem falou:

— André, você estava sendo observado e avaliado durante todo o tempo. O que mais surpreendeu a todos foi a sua percepção sobre as metas operacionais, mas você tem mostrado desenvoltura em vários momentos, como na contratação, por exemplo, no modo como você se preocupa em manter a sua equipe informada sobre todos os passos, além do modo como você está sempre disposto a colaborar com os outros, trocar informações e partilhar o que você julga ser a sua pouca experiência.

— Veja bem, este é um processo, mas você começou muito bem e estamos dispostos a lhe dar esse voto de confiança. Não tome isso como um sinal de aprovação irrestrito, pois você sabe que, quanto maior a responsabilidade, maior a cobrança também, mas nós acreditamos que você vai conseguir. — Fábio falava tentando me tranquilizar, mas ao mesmo tempo deixava-me ciente de todas as responsabilidades.

— Eu agradeço muito a confiança de vocês e todo o reconhecimento, mas gostaria de um tempo para pensar e conversar com a minha esposa.

— Claro, é mais do que natural que você pese os prós e contras dessa proposta, mas saiba que vemos muito futuro para você aqui. Aproveite o final de semana e nos dê uma resposta na segunda-feira, combinado?

Eu apenas concordei. Estava atônito demais para esboçar qualquer outra reação. Eu era invadido por pelo menos dois sentimentos distintos naquele momento: felicidade por saber que estou no caminho certo e pelo reconhecimento de todo o meu esforço em tão pouco tempo; mas também o medo de falhar, de ficar ainda mais sobrecarregado e de afetar a minha família. Precisava ouvir a opinião da minha esposa e isso certamente pesaria na minha decisão.

CAPÍTULO XIV: APOIO FAMILIAR

QUANDO CHEGUEI A CASA NA SEXTA À NOITE, fiquei surpreso ao ver minha esposa arrumar uma pequena mala para as crianças. Sorrindo, ela me disse:

— Você esqueceu, né? Os meninos vão passar o final de semana em um acampamento, a escola toda vai, e eles voltam só na segunda de manhã. Pela sua cara, você também esqueceu o que planejamos, não é?

— Querida, infelizmente, sim... o que nós planejamos?

— Planejamos ficar em casa e descansar, sem falar de trabalho, apenas nós dois e muitos filmes.

Não era o que eu queria escutar. Precisava muito conversar com ela, pois a minha promoção não afetaria só a mim — vi o quanto isso foi desgastante para todos nós logo no início.

— Querida, sinto em desapontá-la, mas vamos precisar falar sobre trabalho, sim. Eu preciso que me ajude a decidir algo.

— Ufa, ainda bem! Já estava me sentindo culpada! Eu tenho várias provas para corrigir, talvez só tenhamos a noite livre.

Nós dois sorrimos. Minha esposa trabalhava tanto quanto eu, mas há algum tempo conseguia deixar o trabalho apenas na escola. Situações como esta de trazer provas para corrigir em casa estavam cada vez mais raras.

Enquanto ela terminava de arrumar as mochilas, fui tomar um banho. As crianças estavam brincando eufóricas. Depois que tudo estava pronto, fomos levá-las à escola e, na volta, decidimos jantar em algum lugar. Aline, percebendo a minha aflição, perguntou-me sobre o que eu precisava falar.

— Bem, meu amor, recebi uma nova proposta hoje! Querem que eu assuma um setor ainda maior e prepare alguém da minha equipe para ficar no meu lugar... eu não aceitei nem recusei, disse que precisava pensar e conversar com a minha família primeiro, afinal de contas, é muita responsabilidade.

— Parabéns, meu amor! Eu sempre soube que essa supervisão seria só o início do caminho, mas não imaginei que você seria promovido novamente tão rápido. Isso só prova que todo o seu trabalho duro e toda a renúncia em alguns momentos valeram a pena. Você sente que está pronto para esse novo desafio?

— Eu acho que sim, mas essa nova operação é muito maior, o que significa muito trabalho. O que mais me preocupa é ter de preparar alguém para ocupar o meu lugar.

— Bom, eu acho que não lhe fizeram essa proposta sem acreditar que você conseguiria. Pense comigo: quando assumiu esse cargo, você não tinha nenhuma experiência e mostrou que tinha capacidade suficiente mesmo assim, identificando um problema que estava criando outros há muito tempo e ninguém percebia.

— Mas isso já foi resolvido... meu medo é que agora eu não consiga fazer mais nada... e se eu colocar alguém no meu lugar que não vai conseguir tocar a operação?

— Querido, tem muitas situações hipotéticas nessa sua frase. Eu entendo que você esteja com medo, é natural, mas eu nunca vi você desistir de um desafio antes. Vai fazer isso agora?

— Eu vou trabalhar mais, querida, como fica nossa família?

— A princípio vai ser puxado, mas com o tempo tudo vai entrando no eixo novamente. Este é o ciclo natural das coisas, nós estamos aqui para apoiá-lo e vou entender a sua decisão, mas espero que não pare por nossa causa.

O final de semana foi muito tranquilo, pude conversar muito com a minha esposa, pesar os prós e contras de aceitar ou não esse novo desafio. Aproveitei um momento em que ela estava envolvida no trabalho para consultar o arquivo que vinha sendo um dos meus grandes companheiros nesse momento e, depois de muito procurar, achei algo que se encaixou no que eu estava vivendo.

"Nós somos movidos por desafios; muitos são pessoais, mas os do trabalho às vezes são ainda mais instigantes, pois sabemos que, se falharmos, isso trará consequências não só para nós, mas para todos aqueles que estão à nossa volta. Assim, depois de muito tempo, eu entendi que o medo é natural, mas me deixar paralisar por ele não é. Trabalhei em algumas empresas ao longo de minha vida profissional e somente em duas delas já comecei em um cargo de liderança — em todas as outras, fui sendo promovido de acordo com o meu bom desempenho, pois não desanimava e não tinha medo de encarar as responsabilidades que eram delegadas a mim; aliás, eu tinha medo, mas não demonstrava e procurava me certificar de tudo o que eu fazia. Às vezes, a oportunidade só aparece uma vez."

Nossa, eu me dei conta aqui do quanto admirava o Bruno: ele era um cara que começou do zero, lembro dele moleque e, pela proximidade das nossas famílias, eu sempre soube que, assim como eu, ele teve de lutar muito para conseguir seus objetivos.

E agora eu estava ali, recorrendo a um material que ele construiu ao longo de suas experiências profissionais e aprendendo lições que eu jamais imaginei aprender. Depois de muitas conversas com a minha esposa e de ler aquele arquivo quase uma dezena de vezes, tomei a minha decisão.

CAPÍTULO XV: A DECISÃO

Cheguei à empresa logo cedo na segunda. Tive um final de semana tão tranquilo, apesar de todas as decisões que precisava tomar, que até tinha me esquecido da história do Joaquim. Fui direto para o RH e Lucas já me esperava; não demorou muito até que Joaquim também chegasse. Assim que nos viu, já olhou desconfiado.

— Bom dia, chefia. Como estão as coisas por aqui?

— Bom dia, Joaquim. O que houve na semana passada?

— Eu não estava bem, muita dor de cabeça e febre... não tive condições de vir trabalhar.

— Certo. Você tem algum atestado ou documento comprovando que estava realmente doente? — Dessa vez, foi Lucas quem perguntou.

— Não, eu não quis ir ao médico, sabe como é?

Nós nos olhávamos incrédulos com a capacidade do Joaquim de construir e manter uma mentira, pois nem um documento para comprovar sua história ele tinha. Deixamos que ele falasse, Lucas prosseguiu com a demissão dele, que era algo simples, visto que ele ainda estava no período de experiência, e logo depois seguimos conversando sobre a nova contratação. O RH faria uma nova seleção, verificando paralelamente nos outros setores e mesmo entre os temporários se havia algum candidato para substituí-lo.

O processo agora seria mais simples, pois essas pessoas que já estavam na empresa e já haviam participado da maioria dos treinamentos internos, portanto poderiam assumir a operação bem mais rápido.

Acertados todos esses pontos, deixei Lucas resolvendo essa parte. Como supervisor do RH, ele tinha acesso às pessoas certas e ao perfil operacional que mais se encaixaria na minha equipe. Confesso que enfrentar essa avalanche logo de manhã deixou-me cansado, mas eu ainda precisava encontrar Fábio e comunicá-lo sobre a minha decisão. Quando cheguei à sua sala, ele disse que já me esperava, pois sabia que eu gostaria de resolver tudo logo. Comecei, então:

— Bom, primeiro eu gostaria de agradecer essa oportunidade. Sei que nenhum de nós sabíamos se eu teria sucesso, vocês apostaram em mim e eu apostei que conseguiria fazer algo significativo para a minha equipe. Aparentemente isso vem funcionando, hoje eu entendo muito mais sobre o funcionamento da linha de produção, agora com a visão de supervisor, pensando objetivamente em resultados, metas e também no bom gerenciamento da minha equipe. Eu pensei durante todo o final de semana e conversei muito com a minha esposa, que me deu apoio independente da minha decisão e por isso eu resolvi aceitar esse novo desafio.

— Que maravilha! Eu tenho certeza de que você se sairá muito bem. Nós observamos você há algum tempo, era um dos poucos funcionários da linha de produção que buscava atualização, fazia alguns cursos e sempre manteve uma postura impecável, além de estar sempre disposto a ajudar os seus colegas. Você pode até não acreditar, mas o Marcos observava isso sempre.

— Fico muito feliz em saber disso e, por mais que eu ainda esteja temeroso para assumir esse novo desafio, sei que vou me empenhar bastante para dar conta de tudo. Mas, para aceitá-lo definitivamente, eu gostaria de tirar alguns dias de férias. Dez dias serão suficientes, eu preciso descansar e recarregar as baterias antes de mudar novamente... aliás, minhas férias já estavam vencendo mesmo.

— Eu acho justo — pontuou Fábio. — Vamos organizar tudo, mas durante esse período precisaremos colocar alguém na operação para substituí-lo. Consegue pensar em alguém?

— Sim, a Ana. Acho que é o momento ideal para que ela comece a treinar, vai ser importante para ver como ela se comporta e toma as decisões. Eu sei que você a auxiliará também, mas vai ser um teste interessante.

— Concordo com você, André. Sobre o seu novo trabalho, em tese as coisas não mudam tanto, pois embora você vá para outro setor, você conhece bem a linha de produção da área e em breve vai se familiarizar com a rotina de lá; sem contar que a Sandra também estará em processo de transição, então você terá a chance de aprender um pouco com ela também. Mas dessa vez vamos lhe oferecer alguns treinamentos sobre pontos específicos da produção e algo sobre gestão de pessoas, também.

— Fico muito aliviado em saber que terei um tempo para me preparar e também para descansar. Esses últimos meses foram intensos e quero estar recarregado para começar com a nova equipe.

Aquela conversa deixou-me um pouco mais confiante. Fui para o setor e, novamente, a força da rádio-peão precedeu qualquer comunicado oficial. Quando cheguei, todos já sabiam da demissão do Joaquim e, dessa vez, foi Ana quem se manifestou primeiro.

— Sabe, André, eu acho que, mesmo apertados, vamos trabalhar melhor sem ele. Eu sentia que ele ainda criaria algum problema com as pessoas e o trabalho, estive vendo o modo como ele não tinha cuidado e concentração.

Todos os outros falaram e, para encerrar o assunto, disse que a demissão era algo ruim, mas que outro colaborador já havia sido designado para o setor e, como ele era temporário, já tinha feito grande parte dos treinamentos, então já entraria direto na operação. Aproveitei e falei rapidamente sobre os indicadores da semana passada e das novas metas, somente para reforçar. Voltei para a minha sala e já havia uma pilha de documentos para serem analisados, inclusive sobre o desligamento do Joaquim, algumas outras questões do RH e o meu aceite formal para a promoção horizontal.

Eu aproveitei para telefonar para a Aline, sabia que ela estava ansiosa por notícias.

— Eu aceitei, amor! Agora terei alguns treinamentos e acho que vai ser mais fácil. Estou confiante e sei que posso contar com você e as crianças, isso me deixa muito mais seguro.

— Parabéns, querido! Eu sei que você vai ser um supervisor de sucesso. Já tomou sua decisão sobre quem vai sucedê-lo?

— Já sim, recomendei a Ana, inclusive porque ela ficará no meu lugar. Vou tirar alguns dias de férias e vamos observar como ela vai se sair na nova função.

Depois que desliguei, atualizei a avaliação destacando os pontos fortes da Ana. Ela era muito comprometida, disposta, justa e conhecia a nossa linha de produção como poucos, ela se atentava até aos mínimos detalhes.

Embora eu também pensasse em Celso para esse novo cargo, visto que ele se mostrava um excelente funcionário e muito comprometido, tinha minhas dúvidas quanto ao relacionamento dele com os outros funcionários.

Rafael também estava na minha lista, pois apesar de ser uma contratação recente, ele se mostrava muito disposto a aprender e tinha facilidade para lidar com os colegas na operação.

A escolha era difícil, pois os três tinham pontos positivos, cada um com suas características específicas e que geravam preocupações diferentes, mas depois de pensar melhor, decidi que ainda não era o momento do funcionário recém-contratado, pois, por mais que ele se mostrasse muito comprometido, eu sabia que ele e Celso precisavam se desenvolver um pouco mais; Ana já estava um pouco mais preparada para assumir a liderança.

Busquei as avaliações anteriores, seria bom ter o apoio de outro ponto de vista para fundamentar a minha decisão e, como já era esperado, ambos tinham avaliações impecáveis, sem faltas e sem ocorrências negativas, mas tive a certeza de que Ana reunia as características que eu julgava necessárias para assumir o comando da operação enquanto eu estivesse fora. Se ela fosse bem, poderia assumir definitivamente.

A semana seria intensa, precisava deixar tudo encaminhado e conversar com Ana — eu sairia de férias na sexta e os detalhes precisavam ser acertados com rapidez. Por volta das 15h, escutei um grande estouro e saí correndo. O barulho não fora longe, então, provavelmente, era algo na produção. Para a minha surpresa, uma das máquinas havia parado, entrado em curto.

Verifiquei se todos estavam bem e pedi que se afastassem. Rafael me explicou que a máquina estava com barulhos estranhos desde a manhã, mas ninguém imaginou que ela fosse explodir. Era um novo problema nascendo bem diante dos meus olhos.

Aquela máquina era a principal; sem ela, não conseguiríamos terminar o serviço. Quando olhei para os lados, os outros supervisores já estavam nos corredores procurando saber o que havia acontecido, alguns deles já conversavam com a minha equipe e Sandra veio até mim, falando que eu deveria abrir logo um chamado para que o conserto fosse iniciado o mais rápido possível.

A equipe foi voltando aos poucos a fazer o que dava sem a máquina, enquanto eu tentava fazer com que o pessoal da manutenção viesse o mais rápido possível, pois um dia parado poderia ser um grande prejuízo, além de atrasar o nosso serviço e o serviço de outros setores também.

Falei com o encarregado da manutenção, que disponibilizou uma equipe para resolver o problema prontamente, e quando voltei à linha de produção, todos já estavam reorganizados, adiantando os serviços que não dependiam do maquinário no momento. Fiquei surpreso, pois imaginei que ainda fosse encontrar alguns deles assustados.

— André, tomei a liberdade de ir adiantando as outras tarefas, ficar parado aqui não ia adiantar nada. Rafael e Mateus estão no estoque contando tudo o que já foi produzido e calculando o que ainda falta, vamos tentar continuar o nosso trabalho do jeito que der.

Eu realmente estava surpreso: Ana pensou rápido e organizou todos, fazendo com que se concentrassem no trabalho rapidamente e distribuindo novas funções para a equipe. Eu sei que em outro momento as pessoas até poderiam achar que ela estivesse fazendo coisas que estavam além da sua competência, mas ver sua postura proativa me deixava mais seguro quanto à minha indicação.

Para nossa sorte, o suporte chegou rapidamente e, apesar de todo o barulho, apenas uma peça havia soltado da máquina, o que significava que nossa produção não seria impactada.

Todos voltaram a trabalhar, mas o funcionário responsável pela manutenção disse que enviaria uma equipe para fazer os ajustes em todas as máquinas no contraturno, para evitar que situações como aquela voltassem a acontecer.

Com tudo ajustado, passei o resto do dia na operação. Imaginei que a equipe precisaria de suporte, mas tudo transcorreu bem o restante do dia. Quando fui embora, no final da tarde, estava bem cansado e ainda precisava trabalhar no planejamento do próximo mês, queria deixar tudo encaminhado e certo para que quem fosse me suceder não tivesse as mesmas dificuldades que eu.

Encontrei meus filhos bastante animados, estavam cheios de novidades para contar sobre o acampamento.

— Papai, eu andei a cavalo, sabia? — Sophia era muito amável, tinha puxado parte da personalidade da mãe.

— Você não teve medo, filha?

— Claro que não, eu sou corajosa como você!

— E o que você fez, filhão?

— Eu brinquei com os meus amigos, joguei futebol, mas quero que a gente vá junto da próxima vez.

— Está bem, quem sabe nas próximas férias, não é, querida?

Minha esposa assistia a tudo encantada, pois sabia que eu estava cansado, sabia do dia cheio e mesmo assim me via completamente envolvido com os nossos filhos. Eu não me achava um super-herói por isso; na verdade, eu sabia que de nada adiantava ser um bom profissional e negligenciar a minha família.

Quando as crianças foram dormir, contei para Aline sobre a loucura que tinha sido o dia e sobre a minha decisão para a minha substituta, falei inclusive que amanhã teria uma nova reunião com o Fábio e Lucas para acertarmos os últimos detalhes sobre a minha escolha e as férias tão aguardadas.

Na manhã seguinte, fui direto para a linha de produção, queria ver como tudo estava, se havia alguma novidade em relação às máquinas e se tudo estava arrumado. Celso já havia chegado e iniciado o sistema e os outros chegariam em alguns minutos. Conversamos rapidamente e logo fui para a minha sala.

Quando abri meu *e-mail*, vi que outro colaborador de outro setor estava sendo designado para a minha equipe devido à saída de Joaquim.

Recebi uma ligação de Lucas lembrando-me sobre a reunião e segui para a sala. Fábio já me esperava com um relatório parcial que eu havia encaminhado em mãos.

— Interessante a sua escolha! Por tudo o que mostrou, ela tem uma ficha muito boa, mas você acha que ela dará conta de comandar todos aqueles homens?

— Acredito que sim, e sei que aqui nós não medimos competência por gênero. Ana é proativa, inteligente, prática e sabe lidar com todos. Ela também conhece o nosso setor como a palma da mão, então, não terá grandes problemas desde que ensinemos a ela sobre as questões burocráticas, metas e todas as competências de um supervisor.

— Existe um segundo indicado, não é? Acho que o Celso. — Fábio parecia interessado.

— Sim, eu também pensei nele e, no quesito avaliação, ele tem praticamente as mesmas qualidades que a Ana, mas eu já percebo que ele tem mais resistência para lidar com as pessoas. Como nós sabemos, liderar não é apenas lidar com números. Boa parte do nosso trabalho se dá na operação, junto dos outros, resolvendo problemas, ouvindo os outros. Por esse motivo, eu acho que ele ainda não está pronto.

— Você pode ter razão, mas vamos avaliá-la enquanto você estiver fora e, dependendo do desempenho dela, nós a chamaremos para uma conversa definitiva. O que acha de a chamarmos para conversar ainda hoje sobre as suas férias e sobre ela ficar no seu lugar durante esses dias? Seu relatório de produtividade saiu e vocês estão bem, então retirá-la de lá por algumas horas não seria problema.

— Por mim tudo bem, podemos chamá-la, sim.

Fábio pediu que sua secretária ligasse para ela e, assim que chegou e viu todos reunidos, assustou-se.

— Boa tarde. Eu vou ser demitida?

Todos riram, foi o momento de descontração necessário para introduzir o assunto com certa leveza.

— Não, claro que não. Certamente a situação aqui é outra. — Tentei tranquilizá-la.

Fábio começou a explicar sobre as minhas férias e que havíamos pensado nela para cuidar da operação durante esses dias. Todos nós pudemos observar o suspiro de tranquilidade que ela deu. Sua postura contida a impedia de se mostrar emocionada, mas eram nítidas a sua surpresa e felicidade.

— Eu não esperava algo assim nunca! É muita responsabilidade, mesmo que por um curto período de tempo. Vocês acham que eu estou pronta?

— Isso é você quem vai nos dizer. — Lucas era inteligente, deixaria que ela contasse como se sentia e observaria a sua resposta naquele momento.

— Acho que estou pronta sim, senhor. Claro que provavelmente vou precisar da ajuda de vocês durante alguns momentos, mas é pouco tempo, acredito que posso fazer um bom trabalho. Mas como isso será visto na operação? É capaz de os rapazes não gostarem dessa novidade.

— Fique tranquila que nós e o André nos encarregaremos dessa conversa, mas saiba que estaremos aqui para o que precisar. A partir de segunda, você já estará no comando da operação. Por enquanto, você continuará desempenhando suas funções normalmente, mas no início da próxima semana você já deixa a linha de produção, tudo bem?

— Claro! Eu só tenho que agradecer por essa oportunidade e pelo reconhecimento.

Conversamos mais um pouco para definir alguns detalhes e, quando ela voltou para a operação, os dois me parabenizaram pela escolha, pois, assim como eu, eles também sentiam que ela seria promissora no cargo.

Eu queria ajudá-la e, por isso, quase instintivamente comecei um arquivo igual ao do Bruno. Quem sabe as minhas percepções a ajudassem em algum momento, assim como os conhecimentos do meu amigo me ajudaram tantas vezes?

A semana passou rápido, o trabalho se mantinha dentro do programado e o funcionário temporário que havíamos recebido como forma de manter a carga de trabalho aceitável parecia ter jeito para o setor.

Depois da reunião rotineira com o Fábio, convoquei uma reunião com a minha equipe. Era o último dia útil do mês e nós havíamos fechado no azul, com as metas totalmente batidas. Comunicaria também sobre as minhas férias e anunciaria que a Ana estaria responsável pela operação durante esses dias.

Para a minha surpresa, não houve nenhum tipo de resistência sobre a atuação da Ana nas minhas férias e isso era um bom sinal!

Para mim e para eles, o resultado geral era um motivo de comemoração e, como o ano se aproximava do fim, dei a liberdade para que começassem a organizar a confraternização da turma.

CAPÍTULO XVI: FÉRIAS

Eu quase não conseguia acreditar que finalmente estava de férias! Seriam poucos dias e eu nem viajaria, minha esposa estava trabalhando e as crianças tinham aula, mas só de saber que teria um tempo livre já ficava animado.

Ficava sozinho durante a manhã e, para me distrair, via o jornal, tentava ler alguma coisa, mas foi difícil não imaginar o que estava acontecendo na operação. Costumava checar o meu celular a todo momento para ver se não havia nenhuma mensagem da Ana.

Minha esposa chegava perto da hora do almoço com as crianças e, à tarde, eu conseguia ajudá-los nas tarefas e depois ainda tirávamos um tempo para brincar.

Eu tinha tempo para conversar com a Aline, ela contava sobre o seu trabalho e sobre os desafios que também enfrentava e só ali pude perceber o quanto era difícil para ela também, ainda mais porque ela passava mais tempo com as crianças. Nesse momento, eu me senti muito agradecido pela esposa e companheira que eu tinha, pelos meus filhos maravilhosos e pela família unida que eu tinha construído.

Na minha quarta manhã de férias, já acordei entediado. O trabalho é cansativo, sim, mas ele também é dinâmico e me coloca em contato com outras pessoas... no fundo, eu sentia falta de toda a agitação.

Aproveitei a minha vontade por movimento e fui correr, era uma ótima forma de relaxar e supriria a minha necessidade de fazer alguma coisa. No caminho, passei no supermercado e, quando estava chegando a casa, recebi uma ligação de Ana.

— Oi, André, como vai?

— Oi, Ana, estou bem, curtindo as férias. Como estão as coisas por aí?

— Por aqui, tudo certo. Pensei mesmo em ligar para falar que tudo está sob controle por aqui, o novo colaborador já está totalmente integrado, a manutenção do maquinário também está ok e todo o pessoal está trabalhando direitinho, todos me ajudam e me escutam quando preciso falar algo.

— Que maravilha! Nenhum problema, então?

— Não, só liguei mesmo porque imaginei que você quisesse notícias. O Lucas e o Fábio estão me dando todo o suporte necessário, mas no geral tudo tem dado certo.

Conversamos mais um pouco e fiquei mais tranquilo; no fundo, eu sabia que a minha aposta estava certa. Aquela ligação era o que eu precisava para aproveitar o resto das férias com tranquilidade.

Nos dias que se seguiram, aproveitei para resolver as burocracias como banco, fiz alguns exames e também fiz alguns passeios com os meus filhos e esposa.

Os dias passaram tranquilamente e, quando chegou o dia de voltar, eu me sentia descansado e renovado, sabia que agora o trabalho seria ainda mais intenso, mas estava preparado para essa nova etapa da minha vida profissional.

CAPÍTULO XVII: AS NOVIDADES

Depois de alguns dias tranquilos em casa, cheguei à empresa segunda de manhã pronto para começar a minha preparação para assumir a nova operação. Quando cheguei, Lucas já me aguardava, disse que seria importante que nos reuníssemos com Fábio para acertar o início da transição e também analisar o desempenho de Ana.

Fábio me cumprimentou e perguntou se eu havia descansado o suficiente.

— Sim, estou pronto, descansado e com a certeza de que vou me empenhar muito para conseguir bons resultados. Como foram esses dias sem mim? A Ana conseguiu ter um bom desempenho?

— Ela realmente deu conta! — disse Fábio. — Agora nós entendemos tudo o que falou dela, ela é proativa, prática e parece entender a operação muito bem. Procurou-nos pouquíssimas vezes para tirar dúvidas, delegou funções a todos e, pelo que vi, as pessoas respeitam o que ela diz.

Aproveitei para falar sobre o relatório de desempenho e a carta de recomendação da Ana.

— Escrevi um relatório anexando as avaliações, explicando quais eram os pontos fortes e os pontos de melhoria e fiz a minha recomendação. Enviarei para vocês analisarem juntos, mas aparentemente a decisão já está tomada.

— Sim, vamos chamá-la para conversar agora. — Lucas parecia animado também.

A conversa foi tranquila, todos nós tivemos a oportunidade de elogiá-la, falando que aquele era um passo muito importante na carreira dela. Falaram sobre a minha promoção e a convidaram para assumir o meu lugar. Ela agradeceu a oportunidade, disse que se sentia reconhecida e valorizada. Depois que acertamos todos os detalhes, Lucas pediu para que eu reunisse todos da operação para comunicar as novidades.

— Bom dia a todos, gostaria de comunicá-los sobre algumas mudanças que começarão hoje. Primeiro, a Ana foi promovida e será a nova supervisora desta operação. Todos viram que nas últimas semanas ela cobriu as férias do André, mas de agora em diante ela será efetivada no cargo.

Todos fizeram cara de surpresa e Mateus não se aguentou.

— O André foi demitido?

— Não, ele vai assumir uma operação maior agora, por isso Ana ficará no lugar dele. Com isso, eu quero que vocês observem que a empresa valoriza muito todos vocês e estamos a todo momento buscando formas de demonstrar o nosso reconhecimento. Até outro dia, a Ana e o André estavam no mesmo lugar que vocês, mas os seus resultados excelentes os fizeram ser promovidos agora. Então, eu gostaria que vocês enxergassem essas novidades como oportunidades futuras.

Todos gostavam de Ana e dessa vez não houve nenhum comentário pejorativo durante o anúncio, mas eu não podia deixar de observar os rostos de alguns integrantes da equipe, sobretudo Celso, que não parecia muito animado. Lucas seguiu falando:

— Nós vamos agilizar o processo de substituição dela e, assim, que isso acontecer, ela assumirá a sua nova posição para que ninguém fique sobrecarregado. Neste momento, todos nós contamos com a colaboração de vocês, quero que continuem trabalhando como estão, pois saibam que estão indo muito bem! Você quer falar alguma coisa, Ana?

— Eu só gostaria de agradecer e dizer a todos que eu sei que vamos continuar fazendo um ótimo trabalho juntos.

As dúvidas foram surgindo naturalmente. Raul foi o primeiro a perguntar:

— Pô, chefe! Você já vai sair hoje?

— Não, ficarei aqui nos próximos 15 dias, enquanto isso a Ana receberá alguns treinamentos. O processo de transição é importante para todos nós, sobretudo para Ana, que poderá absorver tudo da nova área.

— Nossas metas continuam iguais? — Desta vez a pergunta partiu de Rafael.

— Sim, por enquanto vamos seguir o plano definido anteriormente, depois que Ana estiver estabelecida, ela criará um plano segundo as percepções dela.

Respondi a mais algumas perguntas e logo todos voltaram a trabalhar. O dia seria intenso, visto que a surpresa geraria muita conversa. A princípio, Ana manteria a sua rotina de trabalho, mas assim que seu substituto chegasse, começaria a explicar para ela sobre as metas da operação, as metas gerais, o plano de ação e todo tipo de tarefa rotineira necessária; por isso, resolvi deixar tudo documentado, semelhante ao documento que o Bruno compartilhou comigo.

O RH já havia providenciado um *e-mail* para ela, pois assim seria mais fácil explicar as mudanças recentes e o modo como eu fiz para me organizar.

Na terça-feira, foi a minha vez de ser apresentado ao novo setor; eu tinha cerca de 12 funcionários e esse contava com 30! Eu estava muito animado, mas também com medo — seriam muitas pessoas para conhecer, para compreender e desenvolver.

Eu já conhecia alguns funcionários de vista, mas era inevitável que o processo de apresentação causasse certa excitação em todos, principalmente porque Sandra era uma líder muito bem vista e conhecida por seu pulso firme, mas de extrema generosidade.

Apresentei-me e disse que estava disposto a seguir os passos da supervisora anterior, conhecer todos e contribuir para o crescimento tanto deles quanto da empresa. Assim como Ana, eu também acompanharia Sandra durante um período e ela estava bastante animada com a velocidade com a qual as coisas estavam acontecendo.

Os dias foram seguindo normalmente, todos trabalhando bem, o substituto de Ana já havia assumido o seu lugar na operação e ela começava a aproveitar todas as oportunidades para entender o lado burocrático do trabalho, já se mostrando muito promissora, pois não tinha dificuldades para entender o planejamento mensal e dava até dicas para otimizar o tempo de produção. Coloquei o meu arquivo de anotações à disposição dela — ele não era tão completo quanto o que eu recebi, porque a minha carreira estava em construção e tomando rumos diferentes do que eu imaginava, mas poderia ajudá-la.

Eu também estava começando a tomar ciência de todos os processos do meu novo setor. Sandra era uma ótima colega e estava sempre disposta a compartilhar seus conhecimentos e me deu bons conselhos.

Tive treinamentos operacionais, visto que as peças produzidas pelo novo setor eram diferentes das que o meu antigo setor produzia e era importante eu saber o serviço todo caso precisasse intervir em um momento de necessidade. Passei por treinamentos comportamentais, entrevistas com psicólogos, além de renovar os treinamentos de segurança do trabalho e cultura organizacional. Ana passou por um processo parecido.

Ao final dos 15 dias, finalmente estávamos prontos para a troca: eu assumiria o outro setor ainda sob a supervisão de Sandra, mas Ana já assumiria a nossa operação sozinha — a passagem de bastão seria feita.

Antes que eu deixasse definitivamente o setor, ela me agradeceu, disse que sabia o quanto eu havia me esforçado para que ela pudesse ser escolhida e que retribuiria a minha confiança dando continuidade ao meu trabalho.

Eu fiz a minha última reunião com a minha equipe emocionado, pois jamais imaginei passar por tanta mudança em tão pouco tempo, mas disse a eles que estava muito grato e que levaria tudo o que aprendi com eles para sempre.

Estava animado e, quando cheguei ao novo setor, todos já estavam reunidos e me cumprimentaram, apesar de alguns olhares desconfiados. Sandra falava sobre a sua ida para a outra área, falava sobre os desafios de sair da sua zona de conforto, mas do quanto estava animada com tudo isso.

— E o André assumirá esse cargo que foi meu por tantos anos, quero que vocês o tratem com o mesmo respeito com que me trataram durante todo esse tempo de trabalho juntos. Agora, vamos ouvi-lo.

Eu agradeci a todos pela recepção e apenas complementei o discurso de Sandra; estava realmente muito animado, mas queria conhecê-los primeiro antes de falar qualquer coisa.

Eu usei essa última semana de Sandra como minha mentora para me inteirar não só sobre a operação, mas também sobre o planejamento e as metas operacionais, entendendo como impactavam os demais e, claro, aproveitei para conhecer bem o perfil daquela equipe, pois a linha de produção rodava muito bem, mas tinham alguns ajustes a serem feitos — os últimos meses não estavam sendo tão bons quanto poderiam ser.

Aos poucos, fui me enturmando com a minha equipe, passava bastante tempo na operação conversando e entendendo melhor os processos e, na sexta-feira, eu fiz a primeira reunião sozinho.

Não houve resistência da parte deles, todos entenderam as minhas cobranças e preocupações em relação aos últimos relatórios de produtividade semanais, comprometendo-se a melhorar e trabalhar em equipe para que o trabalho fluísse.

Os desafios eram enormes. No primeiro momento, tive receio de ficar tão perdido como quando assumi a minha antiga operação, a única diferença é que agora eu conhecia bem o trabalho e entendia a parte administrativa da minha função. Fazia muito tempo que eu não consultava o arquivo do Bruno, mas resolvi olhar e procurar algo que me ajudasse a me acalmar um pouco. Pela primeira vez, percebi que eu já havia lido tudo o que estava ali, já havia entendido, e descobri que, de agora em diante, era a hora de construir minhas próprias percepções, pois já sabia quais eram os desafios que me aguardavam.

As semanas foram passando e eu já estava familiarizado com a minha nova equipe quando percebi que havia um problema de desmotivação que começava a crescer e prejudicar as nossas metas, além da falta recorrente de alguns funcionários.

Minha postura aqui foi um pouco diferente, porque eu pude perceber que dar *feedbacks* mais corretivos, tratar de forma mais dura assuntos difíceis e comportamentos inadequados e, ainda assim dar apoio emocional, parecia-me algo normal, então quando precisei advertir esse pequeno grupo de faltantes, deixei claro que aquela situação era tão desagradável para mim quanto era para eles e que buscava mudanças.

Para resolver os problemas de engajamento, observei primeiro que eles não se sentiam envolvidos com o trabalho como poderiam e, como era de se esperar, isso era reflexo do peso na mudança de liderança. É comum as pessoas demonstrarem insegurança, medo e precisarem de um tempo para iniciar o novo ciclo de confiança.

Eu passei a fazer pequenas reuniões diárias com grupos reduzidos, explicando o passo a passo das metas e mostrando a evolução ao longo dos meses, apresentando inclusive o crescimento dos nossos resultados no meu primeiro mês como supervisor deles.

Percebi que, com o passar dos dias, as coisas foram melhorando, todos agora sabiam como e por que estavam trabalhando, e essa sensação de pertencimento fazia com que a operação ganhasse um novo fôlego.

Minhas reuniões com Fábio agora aconteciam às quartas-feiras e ele estava bastante satisfeito com o meu desempenho e com a forma como a linha de produção estava funcionando. Ele sempre comentava algo sobre a Ana também, elogiando bastante a forma como ela conduzia a equipe.

Eu ficava muito contente sempre que recebia esse tipo de notícia e sempre que tinha um tempo passava na minha antiga operação para rever o pessoal, que já considerava meus amigos, para falar com a Ana e até para pegar dicas com ela.

Embora eu soubesse que tudo caminhava bem, sempre buscava estar preparado para lidar com os eventuais problemas que surgiam: quando não era com algum funcionário, era com os números, com as máquinas e coisas do tipo.

CAPÍTULO XVIII: OLHANDO PARA TRÁS

Estou como supervisor nessa nova operação há quase um ano e meio e estaria mentindo se dissesse que tudo sempre corre às mil maravilhas — não é bem assim. Às vezes eu preciso apagar os "pequenos incêndios" que acontecem no setor, brigas entre funcionários, conversas que tomam grandes proporções e todo esse tipo de situação que parece banal.

Quando eu olho para trás, entretanto, vejo que a grande sacada do cargo de liderança é aprender a lidar com as pessoas, pois elas são parte fundamental desse processo, afinal de contas, as empresas são construídas e comandadas por pessoas e as máquinas, aqui, assumem papel secundário.

Eu tinha mais sucessos que fracassos, batia grande parte das metas mesmo que com certo aperto em alguns momentos; alguns funcionários foram demitidos, mas eu havia aprendido também que não adianta tentar dialogar com quem não quer conversar e não dá abertura, em muitos momentos é necessário provar, por meio de ações, que se está realmente disposto a fazer parte do time, deve jogar para ganhar.

Quando eu assumi essa nova operação, tinha dúvidas se realmente conseguiria, mas isso é próprio do ser humano. Nós temos medo do desconhecido, o importante é não nos deixar paralisar e, tendo isso em vista, hoje eu tenho certeza de que fiz as escolhas certas, mesmo a altos custos, às vezes.

Eu ainda trabalhava muito, algumas vezes eu até precisava ficar até mais tarde no trabalho, mas procurava não comprometer as minhas folgas, pois, por mais que a minha família fosse bastante compreensiva, eu procurava honrar meu compromisso com eles, passando bons momentos com todos, incluindo a minha esposa. Ah, e minha família também tinha aumentando — agora, tínhamos um cachorro!

Sobre a Ana, ela também estava indo muito bem! Fiz a aposta certa e ela tinha se tornado uma grande supervisora, os indicadores dela eram melhores que os meus e, sempre que podíamos, nos reuníamos para "trocar figurinhas", além de pedir ajuda um para o outro sempre que necessário.

Esse ciclo de promoções deu início a um programa de formação de futuros líderes na empresa, que tem como objetivo desenvolver os profissionais mais talentosos para futuras oportunidades — Ana até me disse que o Rafael e Celso participariam. Saber disso foi algo que me deixou feliz, pois via potencial neles, assim como vi nela, e acredito que o mesmo aconteceu quando fui promovido. Um programa de formação em uma empresa como a nossa contribui para a motivação dos funcionários, que veem uma oportunidade de crescimento e de aprimorar os conhecimentos.

Outro fator que eu preciso destacar também é que, quando promovi a Ana, também ganhei uma amiga, e isso me deixava muito feliz. Ela estava construindo uma carreira de sucesso e se destacou melhorando o plano de metas operacionais. Sempre que conversávamos, ela me dizia que o Rafael era o seu braço direito — ele era para ela o que ela foi para mim!

Ah, você sabe aquelas noites mal dormidas? Elas passaram! Aliás, elas nem voltaram quando assumi meu novo cargo. Eu ainda trabalhava muito, ficava desgastado e tinha medo de falhar, mas pelo menos sentia que estava no caminho certo e, mesmo quando nem tudo corria como o planejado, eu sabia o que tinha que fazer para reverter a situação.

Hoje, sou um cara ainda mais experiente, que viu a vida dar uma guinada depois de uma promoção inesperada, que teve muitos erros e acertos durante esse processo, que aceitou outra promoção e vem, dia após dia, construindo seu perfil enquanto líder.

Com o tempo, é mais fácil compreender que ocupar uma posição de liderança envolve cobrança, pressão, busca por soluções e nem sempre sucesso.

E justamente por recorrer aos *insights* do Bruno em vários momentos durante essa minha nova jornada, aproveitei para escrever para ele:

precisava agradecer toda a ajuda que ele me deu e contar como as coisas estavam. Comecei um *e-mail* meio sem jeito.

"Bruno, como vai? Sei que dei uma sumida, mas você não pode imaginar a loucura pela qual eu passei nos últimos meses. Primeiro, gostaria de agradecer pelo arquivo — ele me ajudou muito em vários momentos, eu conseguia pensar melhor sempre que me sentia perdido, pois algumas das situações pelas quais você passou se assemelhavam muito com as coisas pelas quais eu também passei. Eu pude perceber que a promoção é sempre uma faca de dois gumes: há todo o êxtase pelo reconhecimento e pela oportunidade, mas há também a solidão e a urgência de ter de resolver todos os problemas que aparecem constantemente; entretanto, eu lhe asseguro que sem suas anotações eu teria sofrido um pouco mais. Como você sabe, fui promovido novamente, assumi uma operação maior e tenho conseguido desempenhar bem o meu papel, buscando me concentrar nas metas, na produtividade, na minha equipe e na minha família, é claro. Sempre me lembro das suas palavras. Obrigado por tanto!"

Depois disso, nós continuamos mantendo contato, retomamos aquela amizade que tínhamos — e agora não falávamos apenas de problemas. Eu tinha recuperado um velho amigo e estávamos nos preparando para promover um encontro entre as nossas famílias.

Ah! Lembra daquelas dores todas que mencionei no início? Ontem, foi aquela festa de confraternização da equipe, dancei e me diverti tanto que meu corpo fez questão de lembrar que eu já não era mais um garotinho.

Esta é só uma parte da minha trajetória, repleta de erros e acertos, mas o que importa é o aprendizado obtido e a certeza de que os desafios não acabaram, apenas mudaram.

Entre em sintonia com o Mundo

Qualitymark Editora Ltda.

Rua Carlos Machado, 155 – sala 207
Polo Cine e Vídeo – Jacarepaguá
22775-042 – Rio de Janeiro – RJ
Tels.: (21) 3597-9055 / 3597-9056
Vendas: (21) 3296-7649

E-mail: quality@qualitymark.com.br
www.qualitymark.com.br

Dados Técnicos:

• Formato:	14 x 21 cm
• Mancha:	11 x 18 cm
• Fonte:	Minion Pro
• Corpo:	11
• Entrelinha:	13
• Total de Páginas:	124
• 1ª Edição:	2023